Les chemins de la consolation

Les chemins de la consolation

De Cicéron à Camus

Michael Ignatieff

Traduit de l'anglais
par Yves du Raden

Saint-Simon

Titre original : *On Consolation.*
Published by Random House Canada

7-9, rue du Bouloi, 75001 Paris
www.edsaintsimon.com

Préface

La consolation est un mot quasiment sorti de l'usage courant surtout en France. Dans un pays où la laïcité est une foi civique, la consolation est confinée à la place incertaine réservée aux mots d'essence religieuse. Les philosophes n'en ont plus l'usage, alors qu'à l'époque des stoïciens romains, la consolation était l'un des buts premiers de la philosophie. Pas plus que les psychiatres contemporains puisque le but de la thérapie est de guérir, ou du moins de comprendre, et non de consoler. La consolation a été laissée aux églises, aux mosquées et aux synagogues. En tant que sentiment et en tant que pratique, au XXe siècle, elle est devenue sans domicile fixe.

Pourtant, aujourd'hui elle fait son retour, lorsque la noirceur des événements mondiaux et le malheur inhérent à la vie humaine poussent les gens à chercher de nouvelles façons de comprendre et d'endurer leur situation. Les fables historiques créées au XIXe siècle, que ce soit par Marx ou par Michelet, pour nous promettre des « lendemains qui chantent », sont toutes tombées en désuétude. Dans l'Anthropocène[1], nous ne sommes plus sûrs que nos enfants jouiront de la Terre comme nous l'avons fait. Quant à la philosophie, elle n'offre, comme

1. « Ère de l'être humain ».

l'a dit Spinoza, ni rires ni larmes, seulement de la compréhension et quant à la thérapie, comme l'a dit Freud, elle ne réussit parfois qu'à convertir la misère hystérique en malheur commun. Si c'est tout ce que la philosophie ou la psychologie peuvent nous offrir, alors nous avons tous besoin de consolation.

Ce que dit, dans son bel essai *L'Inconsolable* (2018) le philosophe André Comte-Sponville[1] révèle avec une admirable retenue que la mort de son enfant l'a contraint à entrer sur un terrain de réflexion que la philosophie avait abandonné : il a découvert combien les arguments philosophiques étaient inutiles pour le libérer du chagrin, combien il détestait la pitié des amis compatissants. Seul un peintre l'a consolé. Il l'a invité dans son atelier, ignorant complètement son chagrin et l'a laissé regarder comment il appliquait la couleur sur la toile.

« Les couleurs semblaient attester la permanence du monde, de la beauté, de la vérité, et cela promettait une joie qui m'était pour l'instant impossible. Cela me rappelait que l'horreur n'est pas la règle, qu'elle n'est pas universelle, qu'elle n'est pas permanente. »

Dans l'atelier d'un peintre, observant silencieusement un artiste au travail, un philosophe a commencé son voyage vers la lumière, vers une « résurrection ». L'éminent psychologue Christophe André[2] a lui aussi redécouvert la consolation grâce à un malheur soudain, un adénocarcinome du poumon survenu à ses soixante ans. Il était alors aveugle à la consolation : « En tant que psychiatre, je voulais aider ; en tant qu'écrivain, je voulais expliquer et encourager ; en tant qu'être humain, je voulais réconforter. »

1. André Comte-Sponville, né en 1952, philosophe français.
2. Christophe André, né en 1956, psychiatre et psychothérapeute français.

Dans « la fragilité du corps et de l'esprit » qui a suivi la maladie, il a découvert un immense besoin de consolation, et il l'a trouvé dans « le plus petit sourire, le chant des oiseaux à ma fenêtre, le plus petit goût de bonté ou de beauté ».

Pour le psychologue comme pour le philosophe, le malheur soudain et brutal les confronte à la nécessité de la consolation, face à l'irréparable, à l'irrécupérable, à la perte irrémédiable. Ce besoin surgit au moment où la faiblesse et le désespoir nous confrontent tous à la question : comment continuer ? Comment rendre la vie à nouveau vivable ?

Le philosophe Michaël Foessel[1], dans son ouvrage *Le Temps de la consolation,* rejoint André Comte-Sponville et Christophe André pour distinguer la consolation de la résilience, un terme remis au goût du jour par le psychanalyste Boris Cyrulnik, qui enseigne qu'il n'y a rien que l'on ne puisse surmonter, à condition d'en avoir la force et la volonté. La consolation, au contraire, n'implique pas la résilience, elle implique – et les inconsolés le savent – que l'on a été altéré, changé, abîmé par le malheur et le chagrin.

Comte-Sponville, réfléchissant au chagrin de sa propre vie, dit de lui-même qu'il n'est pas inconsolable – il a retrouvé son appétit de vivre, son sens du but – mais il reste « inconsolé », par la perte de son enfant. Beaucoup d'entre nous, semble-t-il, vivent dans la pénombre entre l'inconsolé et l'inconsolable. Nous pouvons être réconfortés, mais nous ne pouvons pas toujours être consolés. L'objectif de tout livre sur la consolation, dont celui-ci, est d'éclairer ce terrain obscur et déroutant, afin que nous le comprenions, que nous le vivions mieux.

Ces auteurs éclairent la consolation, non seulement par leurs propres réflexions, mais en revenant sur ce que les grands

1. Michaël Foessel, né en 1974, philosophe français.

écrivains de la tradition française ont dit de la « perte irréparable ». Selon Comte-Sponville, les essais de Michel de Montaigne pourraient être lus comme une tentative d'auto-consolation après la mort de son ami bien-aimé, Étienne de la Boétie. De cette perte, Montaigne a écrit : « Si je compare ces quatre années que j'ai passées en sa compagnie, le reste de ma vie me semble une fumée, une nuit sombre et sans fin. Nous avons partagé tant de choses que j'ai l'impression d'avoir perdu la moitié de moi-même. »

La rédaction des *Essais* a aidé Montaigne à atteindre, pendant de nombreuses années, l'équilibre entre érudition, ironie, humour et autodérision, ce qui fait l'originalité de sa voix. L'écriture a été la consolation qui l'a aidé à se réconcilier avec la vie, sans son ami.

Dans le cas de Montaigne, la consolation s'adressait à lui-même. Mais elle prend le plus souvent la forme d'un don d'une personne à une autre, d'une expression de solidarité, même lorsqu'elle semble exaspérée, comme dans la merveilleuse réponse de George Sand à Gustave Flaubert, lequel souffrait souvent d'excès de mélancolie : « Comme vous vous tourmentez. Tout ce dont vous vous plaignez, c'est la vie ; elle n'a jamais été meilleure pour personne ni à aucune autre époque. On le sent plus ou moins, on le comprend plus ou moins, on le subit plus ou moins, et plus on est en avance sur son temps, plus on souffre. »

Comme l'écrit George Sand, lorsque nous consolons les autres, nous nous attaquons à ce que le sociologue allemand Georg Simmel (1852-1918) appelait « la souffrance de la souffrance », c'est-à-dire la façon dont nous accumulons la douleur sur nous-mêmes, avec cette récrimination entre la culpabilité et le doute de soi qui suivent toute expérience de perte ou de blessure. Sand console Flaubert en lui disant que sa souffrance n'est pas un sort particulier qui lui est réservé: c'est notre lot à tous, et nous pouvons donc la partager et en alléger le fardeau. La consolation peut prendre la forme d'un engagement de toute une vie face à la perte, comme ce fut le cas pour Montaigne. Chez Sand, elle a pris la forme d'une amitié durable. Mais elle peut aussi se produire entre étrangers, en un clin d'œil, comme dans la chanson de Georges Brassens « L'Auvergnat », où il est embarqué dans un fourgon de police:

> Elle est à toi cette chanson…
> Toi l'étranger qui, sans façon
> D'un air malheureux m'a souri
> Lorsque les gendarmes m'ont pris.

Ce sont là quelques-unes des formes que peut prendre la consolation. Toutes sont l'expression d'une solidarité humaine fondamentale, car nous cherchons à partager le fardeau de la vie.

Les dix-sept chapitres de ce livre traitent chacun de la consolation dans la tradition occidentale. Parfois, dans le cas de Cicéron ou de Marc Aurèle, l'accent sera mis sur un texte, parfois, dans le cas du Greco, sur une peinture, ou, dans le cas de Gustav Mahler, sur un cycle de Leider. J'essaie de relier ces œuvres aux luttes, aux pertes et aux tourments des vies qui leur ont donné naissance. Puisque la consolation est la bataille que les mots, la musique et l'art entreprennent pour surmonter la perte, je m'intéresse autant à leur défaite qu'à leur réussite. La consolation est le test limite de ce que l'imagination humaine peut faire lorsqu'elle est confrontée à l'irrémédiable. C'est pourquoi je m'intéresse particulièrement à Cicéron, non pour le discours suave sur le stoïcisme viril pour lequel il est célèbre, mais pour l'autre Cicéron, l'homme désespéré qui perd sa fille et découvre que ses propres paroles de consolation ne le consolent plus. Je m'intéresse au Gustav Mahler qui a composé les *Kindertotenlieder*, les « Chants sur la mort des enfants », mais qui, lorsqu'il a perdu lui-même un enfant, a avoué à un ami qu'il ne pourrait plus jamais écrire de tels chants. La réflexion sur la consolation nous aide à comprendre ce que les mots, la musique, l'art et les humbles gestes de réconfort peuvent faire pour nous aider à supporter le fardeau de l'humanité. Consoler nous donner à ressentir le lien humain qui nous permet de continuer. Sans quoi nous serions seuls, avec nous-mêmes et avec le destin. Ce livre propose au lecteur une histoire des efforts humains pour trouver une consolation qui n'échoue pas, qui nous redonne l'espoir, lequel nous permet de retrouver un profond attachement à la vie.

Introduction

Après le Paradis

Je rends visite à un ami qui a perdu sa femme il y a six mois. Il est fragile mais toujours alerte. La pièce est restée telle qu'elle l'avait aménagée. Je lui ai apporté un gâteau d'un café où ils avaient l'habitude de se rendre ensemble. Il en mange une part avec avidité. Quand je lui demande comment vont les choses, il regarde par la fenêtre et dit tranquillement : « Si seulement je pouvais croire que je la reverrais. »

Je ne peux rien dire et nous restons assis en silence. Je suis venu pour consoler ou au moins réconforter, mais je ne peux faire ni l'un ni l'autre.

Consoler. Cela vient du latin *consolari,* trouver du réconfort ensemble. La consolation est ce que nous faisons, ou essayons de faire, lorsque nous partageons la souffrance des autres ou que nous cherchons à supporter la nôtre.

La consolation était autrefois un sujet de philosophie, car elle était considérée comme la discipline qui nous apprenait à vivre et à mourir. La *consolation* était un genre à part entière dans les traditions stoïciennes de l'Antiquité. Cicéron était un maître en la matière. Sénèque a écrit trois lettres célèbres pour consoler les veuves éplorées. Marc Aurèle, l'empereur romain, a écrit ses *Méditations* essentiellement pour se consoler.

Un sénateur romain, Boèce, a écrit sa *Consolation de la philosophie* alors qu'il attendait d'être condamné à mort par un roi barbare en 524 apr. J.-C. Ces textes sont encore étudiés dans les cours de sciences humaines, mais la consolation a perdu sa place dans l'enseignement de la philosophie.

Elle a également perdu son cadre institutionnel. Les églises, où nous nous consolions les uns les autres dans des rituels collectifs de chagrin et de deuil, se sont vidées. Si nous cherchons de l'aide, nous la cherchons seuls, entre nous et auprès de professionnels de la thérapie. Ceux-ci traitent notre souffrance comme une maladie dont nous devons nous remettre.

Pourtant, lorsque la souffrance est perçue comme une maladie qui se soigne, quelque chose se perd. Les traditions religieuses de consolation étaient capables de situer la souffrance individuelle dans un cadre plus large et d'offrir à la personne en deuil un compte rendu de la place de sa vie individuelle dans un plan cosmique.

C'est dans ce cadre plus large que les langages de la consolation offraient l'espoir. Le Dieu juif qui exige l'obéissance mais dont l'alliance avec son peuple promet qu'il nous protégera; le Dieu chrétien qui a tant aimé le monde qu'il a sacrifié son propre fils et a offert l'espoir de la vie éternelle; les stoïciens romains classiques qui promettaient que la vie serait moins douloureuse si nous pouvions apprendre à renoncer à la vanité des désirs humains. Plus influente aujourd'hui est la tradition qui prend forme dans les travaux de Montaigne et de David Hume[1], qui s'interrogent sur la possibilité de donner un sens grandiose à nos souffrances.

Ces penseurs ont également exprimé la conviction que la source de consolation la plus importante qui soit et le sens de

1. David Hume (1711-1776), philosophe écossais.

la vie se trouvent dans le fait de vivre pleinement chaque jour. Se consoler, c'est tout simplement s'accrocher à l'amour de la vie telle qu'elle est, ici et maintenant.

Les anciens et les modernes partagent le même sens du tragique. Tous deux admettent que certaines pertes sont irrémédiables, que nous ne pouvons pas nous remettre complètement de certaines expériences, et que certaines cicatrices guérissent mais ne s'effacent pas. Le défi de la consolation à notre époque est d'endurer la tragédie, même lorsque nous ne pouvons lui trouver un sens, et de continuer à vivre dans l'espoir.

Vivre dans l'espoir, de nos jours, peut nécessiter un scepticisme salvateur à l'égard des récits chargés de malheur qui nous parviennent de tous les portails médiatiques. En 1783, alors que la Grande-Bretagne venait de perdre ses colonies américaines et que les affaires publiques étaient en pleine effervescence, James Boswell[1] demanda à Samuel Johnson[2] si les « turbulences » de la vie publique ne [l']avaient pas « un peu contrarié ». Johnson réagit de la manière la plus grandiose et la plus dédaigneuse qui soit. « C'est faux, Monsieur. Les affaires publiques ne contrarient personne, Monsieur. Je n'ai jamais dormi une heure de moins ni mangé un gramme de viande en moins. »

Aujourd'hui, nous pouvons prendre cela comme une injonction à conserver une certaine maîtrise de soi face aux récits qui envahissent notre conscience et cernent l'époque dans laquelle nous vivons. Si, en 1783, la perte de l'Amérique nous a fait perdre le sommeil, il en va de même, aujourd'hui, de notre propre résilience face à la vague de commentaires

1. James Boswell (1740-1795), écrivain et avocat écossais.
2. Samuel Johnson (1709-1784), poète britannique.

publics qui prédisent l'Armageddon environnemental, l'effondrement de la démocratie ou un avenir marqué par de nouveaux fléaux. Ces défis, aussi intimidants soient-ils, ne sont pas sans précédents. Dans ce livre, nous rencontrerons des hommes et des femmes qui ont vécu la peste, l'effondrement de la liberté républicaine, les campagnes d'extermination massive, l'Occupation ennemie et des défaites militaires catastrophiques. Leurs récits replacent notre époque dans son contexte et nous permettent de nous inspirer de leur lucidité. Se voir à la lumière de l'histoire, c'est rétablir notre lien avec les consolations de nos ancêtres et découvrir notre partage avec leur expérience.

Nous en serons étonnés. Nous pourrions supposer que les textes religieux – Job, les Psaumes, les épîtres de Paul, le *Paradis* de Dante – nous sont fermés si nous ne partageons pas la foi qui les a inspirés. Mais pourquoi devrions-nous être obligés de passer un test de croyance avant de pouvoir tirer une consolation des textes religieux ? La promesse religieuse du salut et de la rédemption peut nous être fermée, mais pas la consolation qui vient de la compréhension que les textes religieux peuvent offrir dans nos moments de désespoir. Les Psaumes sont parmi les documents les plus éloquents dans n'importe quelle langue sur ce que c'est que de se sentir dépourvu, seul et perdu. Ils contiennent des descriptions inoubliables du désespoir ainsi que des visions exaltées de l'espoir. C'est pourquoi, même à cette heure, quelqu'un, quelque part, prend la Bible dans une chambre d'hôtel et lit les Psaumes. Et comme je l'ai découvert en 2017 au festival choral d'Utrecht aux Pays Bas, lorsque la musique et les mots s'unissent, ils portent une promesse d'espoir qui rend notre incrédulité, d'une certaine manière, sans importance. La consolation est un acte de solidarité dans l'espace – rester en compagnie de l'endeuillé, aider un ami à traverser un moment difficile; mais c'est aussi un acte de solidarité dans le temps – se tourner vers les morts et tirer un sens des mots qu'ils ont laissés derrière eux.

Se sentir proche des psalmistes, de Job, de saint Paul, de Boèce, de Dante, de Montaigne, de personnages modernes comme Camus, sentir nos émotions exprimées dans la musique de Gustav Mahler, c'est sentir que nous ne sommes pas isolés dans le présent. Ces œuvres nous aident à trouver des mots pour ce qui n'en a pas, pour les expériences d'isolement qui nous enferment dans le silence.

Ces voix du passé, nous les entendons encore grâce à des sensibilités entretenues depuis des milliers d'années. Huit cents ans après que Boèce s'était consolé en imaginant qu'une sage dame, Philosophia, lui rendait visite en prison, Dante, en exil de sa Florence natale, a lu la *Consolation* de Boèce, qui lui a inspiré un voyage, de l'Enfer au Paradis en passant par le Purgatoire, également en compagnie d'une dame pleine de sagesse. Six cents ans plus tard, au cours de l'été 1944, un jeune chimiste italien traversait Auschwitz avec un codétenu. Alors qu'ils marchaient, l'Italien s'est soudain souvenu des lignes de Dante : « Nous ne sommes pas nés pour être des brutes. Nous sommes des hommes, créés pour la connaissance et la vertu. »

C'est ainsi que le langage de la consolation perdure – de Boèce à Dante, de Dante à Primo Levi. Cette solidarité dans le temps est l'essence même de la consolation que ce livre espère rendre à nouveau accessible.

Il existe bien d'autres mots que nous utilisons lorsque nous sommes confrontés à la perte et à la douleur. La consolation est le contraire de la résignation. Nous pouvons nous résigner à la mort sans être consolés, et accepter le tragique de la vie sans nous y résigner. En fait, nous pouvons nous consoler dans notre lutte contre le destin et dans la façon dont cette lutte inspire d'autres personnes.

Se résigner à la vie, c'est abandonner, renoncer à l'espoir qu'elle puisse être différente. Se réconcilier avec la vie, en revanche, permet de garder espoir en l'avenir. Pour se réconcilier, il faut d'abord faire la paix avec ses pertes, ses défaites et ses échecs. Se consoler, c'est accepter ces pertes, accepter ce qu'elles nous ont fait subir et croire, accepter qu'elles ne viennent pas hanter notre avenir ou gâcher les possibilités qui nous restent.

L'élément essentiel de la consolation est l'espoir : la conviction que nous pouvons nous remettre d'une perte, d'une défaite, d'une déception, et que le temps qui nous reste, aussi court soit-il, nous offre la possibilité de recommencer. D'échouer peut-être, mais, comme le disait le poète irlandais Samuel Beckett, d'« échouer mieux ». C'est cet espoir qui nous permet, même face à la tragédie, de ne pas nous laisser abattre.

Lorsque nous cherchons la consolation, nous cherchons plus qu'un simple moyen de nous sentir mieux. Les pertes graves nous amènent à nous interroger sur le dessein plus large de notre existence : le fait que le temps s'écoule inexorablement dans une seule direction et que, si nous pouvons encore espérer en l'avenir, nous ne pouvons pas revivre le passé. Les graves revers nous amènent à reconnaître que le monde n'est pas juste et que, dans le domaine de la politique comme dans notre vie privée, la justice peut rester hors de portée. Se consoler, c'est faire la paix avec l'ordre du monde sans renoncer à nos espoirs de justice.

Enfin, et c'est le plus difficile, la perte et la défaite nous obligent à nous confronter à nos propres limites. C'est là que la consolation peut être la plus difficile à obtenir. Face à nos échecs, nous sommes tentés de nous réfugier dans l'illusion.

Mais comme il n'y a pas de vraie consolation dans l'illusion, il faut donc s'efforcer, comme l'a dit Václav Havel[1], de « vivre dans la vérité ».

Ce livre est une galerie de portraits, de philosophes, de penseurs, d'artistes, retracés dans leur chronologie historique. Comme nous le verrons, ils n'ont pas toujours réussi, mais nous pouvons apprendre de leurs luttes et trouver de l'espoir dans leurs exemples. Du livre de Job à la poétesse Anna Akhmatova en passant par Primo Levi, Albert Camus, Václav Havel et Cicely Saunders[2], j'espère que mes choix ne paraîtront pas arbitraires. Un autre livre aurait pu être écrit sur ce que les Européens ont appris de la consolation à partir des sources asiatiques, africaines ou musulmanes. J'ai essayé de montrer comment, forgée au cours de milliers d'années dans la tradition européenne, elle reste capable de nous inspirer aujourd'hui. Qu'apprenons-nous-en ces temps de ténèbres ? Quelque chose de très simple : nous ne sommes pas seuls, et nous ne l'avons jamais été.

1. Václav Havel (1936-2011), ancien président de la République tchèque.
2. Cicely Saunders (1918-2005), médecin et écrivaine britannique, pionnière des soins palliatifs.

1.

Une voix dans le tourbillon

Le livre de Job et le livre des Psaumes

La consolation n'est possible que si l'espoir est possible, et l'espoir n'est possible que si la vie a un sens pour nous. Si nous croyions sincèrement que la vie était absurde, qu'elle était faite d'événements aléatoires qui se succèdent sans répit et se terminent par la mort, alors la résignation, le plaisir insouciant, la fuite, le suicide – n'importe quoi – auraient un sens, mais pas la consolation. L'espoir dont nous avons besoin pour nous consoler dépend d'une conviction : que notre existence a un sens ou que nos efforts peuvent lui en donner un. C'est cette foi qui nous permet de vivre dans l'attente d'une guérison et d'un renouveau. La consolation dépend de cette foi (quasi religieuse), même si, comme nous le verrons, le sens qui nous donne de l'espoir peut prendre des formes non religieuses et même parfois antireligieuses. C'est par la recherche religieuse du sens de la souffrance qu'il faut, donc, commencer. Les religions remplissent de nombreuses fonctions, dont l'une est de consoler, d'expliquer pourquoi les êtres humains souffrent, meurent et pourquoi, malgré tout, nous devons vivre dans l'espérance.

Depuis le début de l'histoire de l'humanité – lorsque les idées ont été consignées pour la première fois sur des tablettes d'argile ou sur des bandes de papyrus avec de l'encre fabriquée à partir de cendres – les penseurs se sont posé la question suivante : comment maintenir la foi dans l'expérience humaine face à la souffrance, à la perte et à la mort ?

Les religions juive et chrétienne commencent par refuser d'accepter que nous soyons nés pour souffrir et mourir. Les prophètes hébreux ont entamé cette quête d'espoir et sont donc à l'origine de l'idée occidentale de consolation. Ils ont transmis la révélation d'un Dieu monothéiste, tout-puissant et omniscient, un législateur divin, mais ils ont ensuite dû expliquer pourquoi un tel Dieu pouvait permettre aux justes de souffrir et aux « méchants » de prospérer. En supposant que le monde était la création d'un Dieu juste, les prophètes hébreux nous ont légué ce problème, que les êtres humains tentent de résoudre depuis lors : comment conserver l'espoir et la foi face à l'injustice et à la dureté de la vie. Sans solution à ce problème, il n'y a pas de consolation.

De nombreux textes de la Bible hébraïque sont une recherche, soutenue et angoissée, d'une réponse. L'un d'entre eux est le livre de Job, l'autre, le livre des Psaumes. Nous poserons deux questions à propos de ces textes : comment ont-ils résolu le problème ? Pourquoi, même aujourd'hui, conservent-ils leur pouvoir de consolation ?

Job est un homme qui a joui d'une abondante fortune – une santé robuste et une famille satisfaite, des granges pleines d'animaux et de céréales, de vastes étendues de champs cultivés – et qui perd tout parce que Dieu accepte que le Satan mette sa foi à l'épreuve. Il s'agit d'un Dieu tout-puissant, mais aussi d'un Dieu humain, sensible à la tentation et aux mauvais conseils. Dans le récit, un personnage connu sous le nom de

« Satan », qui signifie en hébreu « empêcheur », « adversaire », insinue que la foi de Job ne dépend que de sa prospérité. Un homme fortuné, suggère-t-il, se retournerait contre Dieu si la fortune se retournait contre lui.

Dieu accepte de laisser le Satan mettre la foi de Job à l'épreuve en envoyant des tribus en maraude pour abattre le bétail, incendier ses bâtiments et tuer ses enfants. Lorsque le messager apporte à Job cette nouvelle – « Et moi seul me suis échappé pour te l'annoncer » – Job se lamente, déchire ses vêtements, se rase la tête, se prosterne devant Dieu, mais sa foi ne fléchit pas. Au lieu de céder à la rage ou au chagrin, il déclare : « Le Seigneur a donné et le Seigneur a repris ; que le nom du Seigneur soit béni. »

L'Adversaire murmure alors à l'oreille de Dieu : « Un homme donnera tout ce qu'il a pour sa propre vie. Frappez ses os et sa chair, et voyez s'il garde la foi. » C'est ainsi que Dieu livre Job à Satan, en exigeant seulement que sa vie soit préservée. Job, atteint de la peste, survit, malade et désespéré, près des cendres d'un foyer froid, il gratte ses plaies. Sa femme le réprimande. « Maudissez Dieu et mourez ! », s'écrie-t-elle. Pourtant, bien que son désespoir soit aussi noir que la nuit, Job refuse d'abandonner son Dieu.

C'est alors que trois de ses amis, des consolateurs, s'assoient à côté de lui et partagent d'abord son abattement en silence. « Personne ne lui dit un mot, car ils voyaient que son chagrin était très grand. » Chacun à son tour tente de le convaincre d'accepter son sort. Ils lui disent que sa foi est mise à l'épreuve et qu'il doit supporter ces difficultés. Job, écoute les dents serrées. Il est inconsolable. Le Dieu en qui il a placé sa confiance, le Dieu qu'il a aimé, le punit. Pourquoi Dieu me maintient-il en vie, s'écrie-t-il alors qu'il aspire à la mort, « mais elle ne vient pas » ?

Les consolateurs deviennent alors plus critiques. Le désespoir de Job ne se dissipera, lui disent-ils, que lorsqu'il reconnaîtra ses fautes. « Un homme mortel serait-il plus juste que Dieu ? » En plus de se repentir, Job devrait être reconnaissant de ses afflictions. Elles sont la juste punition de ses fautes.

Mais il ne veut pas en entendre parler. Ce qui le tourmente, c'est aussi un nouveau sentiment de l'insignifiance de l'humanité. « L'homme qui naît d'une femme a peu de jours et il est plein d'ennuis. » La plante ou l'arbre le plus insignifiant meurt avec l'automne et se renouvelle chaque printemps ; l'homme, lui, ne meurt qu'une fois et ses os se désagrègent jusqu'au néant. L'espoir, dit Job, dépend de la foi en la signification de la vie humaine aux yeux de Dieu. Et si nous n'avions aucune importance ?

Les consolateurs profitent de son aveu sur sa propre insignifiance pour l'humilier davantage, mais Job se défend. Son désespoir est une façon d'insister, malgré tout, sur sa propre importance dans l'ordre ultime des choses. Dans son désespoir, Job en vient à blasphémer, demandant : « Quel est ce Dieu dont il parle ? Pourquoi obéir à quelqu'un qui nous tourmente ? »

Les consolateurs tentent alors de le convaincre que le chemin vers la consolation passe par l'acceptation de la responsabilité de ses malheurs. Job refuse. Il a accepté ce que Dieu lui a donné et ce qu'il lui a enlevé. Que peut-on lui demander de plus ? Qu'il s'avoue coupable ? « Ma justice, je la tiens fermement et je ne la lâcherai pas. »

« S'humilier », rétorque Job, c'est le chemin non pas de la consolation, mais de l'humiliation. Il n'écoutera plus les conseils de ce qu'il considère comme des « médecins sans valeur ». Je ne suis entendu, leur dit-il, ni par vous, ni par Dieu. Il n'y a pas de consolation à ne pas être entendu. Il ne se soucie plus de ce que les humains ont à lui dire. « Je veux parler au Tout-Puissant, je veux raisonner avec Dieu. »

Le Dieu de Job ne se tait pas. Il s'exprime dans le tourbillon du vent, dans une tirade majestueuse. « Où étais-tu quand J'ai posé les fondements de la Terre ? » Comment un simple être humain peut-il oser remettre en question la puissance de Celui qui a placé les étoiles du matin dans le ciel, qui a créé la mer, qui a entouré la Terre de nuages ? Qui es-tu pour me dire ce que Je dois faire ? Comment oses-tu, s'écrie Dieu, m'accuser de tes souffrances ? « Veux-tu me condamner pour être juste ? »

Aux yeux de Dieu, Job fait preuve d'une arrogance déplacée, puisqu'il se contente rendre Dieu responsable de ses propres tourments. Job doit faire la paix avec ce qu'il ne peut pas comprendre. Il l'a fait. Sa réconciliation avec Dieu commence par un aveu d'ignorance, mais pas de culpabilité. « J'ai dit des choses que je ne comprenais pas [...], des choses trop merveilleuses pour moi, que je ne connaissais pas. » Ayant parlé et ayant été entendu, il est maintenant digne dans sa reddition : « C'est pourquoi je me rétracte et je me repens dans la poussière et la cendre. »

Le chagrin peut être une obsession, et celui de Job est de cette nature. Il est inconsolable tant qu'il ne pense qu'à lui et à son sort. Lorsqu'il accepte que Dieu soit impénétrable, lorsqu'il cesse de se fixer sur son innocence et accepte l'ordre divin, il retrouve sa vie d'avant. La consolation passe par l'aveu de sa culpabilité, et elle passe aussi par son repentir et par l'acceptation.

Est-ce ainsi que nous devons comprendre ce que Dieu exige et ce que Job accepte ? Que Dieu ne le consolera pas à moins que celui-ci se repente ? S'il en est ainsi, la consolation n'est possible que si les personnes en deuil expriment leur chagrin et se soumettent à Dieu avec une obéissance inébranlable.

Dans cette curieuse histoire, on remarque qu'au lieu de remercier les trois consolateurs de Job, Dieu les réprimande. « Vous n'avez pas dit de Moi ce qui est juste, comme l'a fait mon serviteur Job. » Les consolateurs avaient cherché à soulager le désespoir de Job en expliquant sa souffrance. Ils avaient justifié les tourments infligés par le Satan à un homme peut-être innocent. Ils n'avaient pas à donner cette explication. Dans l'histoire de Job, Dieu exige l'obéissance absolue comme condition de la consolation, mais il exige aussi quelque chose d'autre : la fidélité à sa propre vérité. Job a refusé d'admettre sa culpabilité. Il a exigé que son innocence soit reconnue, tant par Dieu que par les faux consolateurs. Il garde la foi en exigeant la justice. Exiger la justice, c'est avoir la foi dans un monde où la justice soit possible et que Dieu ait le pouvoir de l'accorder. Le narrateur de l'histoire de Job veut nous faire comprendre que s'il y a une consolation dans l'obéissance, il n'y en a pas dans la résignation impuissante. Si nous appliquons cette idée à notre propre vie, la consolation ne peut nous tirer des profondeurs du désespoir qu'à la condition que nous ayons le courage d'exiger la reconnaissance, de nous-mêmes et des autres, sur la réalité de notre souffrance et de refuser les fausses consolations de ceux qui nient ce que nous avons enduré. L'histoire de Job nous conseille également de cesser de poser la question qui nous tourmente si souvent dans le chagrin : pourquoi moi ? Dieu dit à Job, et donc à nous, qu'il s'agit d'une question à laquelle il n'y a plusieurs bonnes réponses.

Dans les dernières lignes de la parabole, Job, enfin « récompensé », retrouve ses richesses, sa famille, sa maison et sa santé. Il mourra « vieux et rassasié de jours », en paix avec Dieu.

Il a été possible pour lui d'accepter que sa souffrance, même insupportable, ait un sens aux yeux de Dieu, comme une mise à l'épreuve de sa foi. L'injustice du monde peut être difficile à supporter, mais elle est l'œuvre d'une intelligence qui dépasse notre entendement, et non d'un hasard dépourvu de sens.

Aujourd'hui, ceux qui s'adressent à Dieu, comme Job, vivent dans l'espoir que leurs prières seront exaucées, tout en sachant que Dieu peut ne pas répondre. Le réconfort de la prière réside dans le fait de la dire. Les personnes qui prient ne s'attendent pas à ce qu'une voix leur parle dans le tourbillon du vent. Les temps postmodernes nous ont habitués à attendre Dieu dans le silence. La philosophe et mystique Simone Weil, décédée en 1943, s'est imprégnée de l'histoire de Job, considérant sa relation à Dieu comme une forme d'attente, dans la patience et l'espérance. Elle n'attendait pas d'être consolée, disait-elle, mais simplement de sentir qu'Il était là. Dans *En attendant Godot* de Samuel Beckett[1], cette vision de la relation humaine au divin devient plus sombre et plus comique. Vladimir et Estragon attendent, parlent et attendent encore, et personne ne leur adresse la parole dans l'air ambiant.

Comment l'identification à l'histoire de Job est-elle alors possible pour ceux qui ne se résoudront jamais à accepter le Dieu de Job ou à attendre qu'Il parle ? L'histoire de Job nous dit que nous sommes destinés à endurer des peines et des souffrances qui n'ont pas de sens apparent, des moments où l'existence est un tourment, où nous savons ce que c'est que d'être vraiment inconsolables. Mais comme Job, nous devons apprendre à endurer, nous devons nous accrocher à la vérité de ce que nous avons vécu et refuser les fausses consolations. Nous devons refuser le fardeau de la culpabilité et lutter du mieux que nous pouvons pour comprendre le sens de notre vie. Nous ne sommes pas condamnés au silence éternel, au non-sens. Il y a une réponse à trouver dans le tourbillon, dans

1. Samuel Beckett (1906-1989), écrivain, dramaturge, poète irlandais.

l'affrontement de l'être humain avec son destin. Mais pour trouver la bonne réponse, il nous faudra être aussi courageux que l'homme en haillons qui a osé lever les yeux vers le ciel.

* * *

Dans le prolongement du livre de Job, il y a le livre des Psaumes. Rappelons-nous ce célèbre verset :

> L'Éternel est mon berger, je ne manque de rien.
> Il me fait reposer dans de verts pâturages,
> Il me dirige près des eaux paisibles.
> Il restaure mon âme,
> Il me conduit dans les sentiers de la vie juste,
> À cause de son nom.
> Quand je marche dans la vallée
> de l'ombre de la mort,
> Je ne crains aucun mal, car Tu es avec moi ;
> Ta houlette et ton bâton me rassurent.
> Tu dresses devant moi une table,
> En face de mes adversaires ;
> Tu oins d'huile ma tête,
> Et ma coupe déborde.
> Oui, le bonheur et la grâce m'accompagnent
> Tous les jours de ma vie,
> Et je reviendrai, j'habiterai
> dans la maison de l'Éternel.

Ce sont là quelques-unes des paroles les plus consolantes jamais écrites. Si vous êtes en deuil, le Psaume XXIII peut vous aider à passer la nuit. Si vous êtes en prison, ce sont les mots qu'un aumônier peut vous lire. Autrefois, lorsque des hommes et des femmes montaient sur l'échafaud, ces paroles étaient peut-être les dernières qu'ils eussent entendues.

Si nous n'avons pas la foi de Job, si nous ne croyons pas en Dieu, pourquoi ce Psaume nous touche-t-il ? Parce qu'il est beau, rythmé, incantatoire.

Depuis des milliers d'années, les lectures chrétiennes s'opposent aux lectures juives. Les traductions modernes varient tellement qu'on se demande s'il s'agit du même Psaume. Leur survie – et leur continuité – sont donc dues non seulement à la transmission respectueuse d'un texte sacré d'un groupe de scribes à l'autre, mais aussi à quelque chose qui ressemble davantage à une dispute féroce, au cours de laquelle le texte a été malmené, arraché à une foi et jeté à une autre, puis repris, sauvé des flammes, caché sous terre, passé en contrebande, chéri mais aussi manipulé, en toute bonne foi et en toute mauvaise foi.

Les Psaumes sont des chants, à la fois de louange et de lamentation, et ils contiennent des indications pour les musiciens, pour l'utilisation de certains instruments. Les musiciens de toutes les générations, depuis les Lévites sur le parvis du Ier Temple de Jérusalem jusqu'aux compositeurs contemporains en passant par le plain-chant des premiers monastères ont tenté de mettre leurs paroles en musique, et sans aucun doute, dans un avenir lointain, longtemps après nous, les chœurs les chanteront encore.

Lire les Psaumes, c'est comme se promener dans des ruines, passer devant une colonne cisaillée, sur une pierre de foyer portant l'empreinte des pas, descendre dans une crypte où l'on respire l'odeur de la pierre humide, où l'on passe les mains sur le mortier, où l'on trempe son doigt dans les marques des maçons et où l'on entre en contact avec les artisans anonymes qui ont si bien construit.

Cette chaîne commence avec les Juifs de la Bible hébraïque et se poursuit avec les scribes grecs qui l'ont traduite en grec, puis avec les premiers copistes chrétiens et médiévaux qui les ont traduits en latin, puis avec le comité du clergé anglais qui, en 1611, a établi la version du roi King James.

En plus de nous enraciner dans les profondeurs du temps, les Psaumes ont aussi permis à des hommes et à des femmes en souffrance, à travers les âges, de saisir le caractère commun de leur expérience. Le Psaume CXXXVII – « Sur les rives des fleuves de Babylone, nous nous sommes assis et nous avons pleuré en nous souvenant de Sion » – rappelle aux Juifs leur parenté avec leurs ancêtres en captivité à Babylone. Il dit ensuite la souffrance des peuples d'Afrique envoyés travailler comme esclaves dans les plantations des colonies américaines et des Caraïbes dans le cadre du Commerce triangulaire.

Les Psaumes sont la source des « spirituals » chantés par les esclaves, puis par les affranchis, qui ont créé la puissante tradition gospel de l'Église noire américaine. Dans le Psaume CXXXVII, l'injonction sacrée pour le peuple juif – « Si je t'oublie, Jérusalem, que ma main droite se dessèche, que ma langue s'attache à mon palais » – est un avertissement pour quiconque a goûté à l'amertume de l'exil. Le Psaume exprime la colère persistante de ceux qui ont été chassés de leur patrie. Le texte commence par des lamentations et se termine par une vengeance dirigée contre les tyrans babyloniens, depuis Nabuchodonosor qui les a exilés, captifs, après avoir brûlé le Temple de Jérusalem jusqu'au roi Balthazar et ses débauches légendaires. « Heureux celui qui te récompensera comme tu nous as asservis », déclare le psalmiste, avant de lancer : « Heureux celui qui t'enlèvera la vie ! Heureux celui qui prendra tes petits et les frappera contre les pierres. » L'autorité des Psaumes réside dans leur capacité à exprimer non seulement le chagrin et la perte, mais aussi la rage de l'anéantissement.

Les Psaumes nous disent que les auteurs de cette tradition étaient des hommes et des femmes qui, comme nous, savaient ce que c'était que de souffrir de l'exil et de la perte, de craindre la mort et de mourir. Le pire des désespoirs, comme ils ne le savaient que trop bien, est de se sentir seul. La consolation qu'ils offrent est la certitude que d'autres ont ressenti exactement ce que nous avons ressenti et que nous ne sommes pas seuls, dans notre rage et notre désespoir, et dans notre aspiration à des jours meilleurs.

La consolation dépend de cette reconnaissance. Consoler quelqu'un, c'est lui dire, encore et encore : « Je sais, je sais. » Nous partageons ce que nous avons souffert pour que les autres sachent qu'ils ne sont pas seuls. C'est l'exercice de solidarité le plus essentiel et le plus difficile qui nous incombe. C'est le devoir que les Psaumes nous conseillent d'assumer, dans des images anciennes mais reconnaissables. Plus que jamais actuels, ils nous indiquent comment le faire en nous exhortant à la vérité. Nous ne pouvons pas consoler si nous ne sommes pas sincères.

Ils admettent ce que c'est que de ressentir une peur accablante : « Je suis versé comme de l'eau et tous mes os sont désarticulés. » Ils décrivent la désolation : « Mon cœur est frappé et desséché comme l'herbe, au point que j'oublie de manger mon pain. » Et ils comprennent notre solitude : « Je ne dors pas et je suis comme un oiseau seul sur le toit de la maison. »

Ils connaissent aussi l'expérience insupportable de l'attente vaine d'un réconfort. Ils sont attentifs à la douleur des cris non entendus, du désespoir sans réponse : « Jusqu'à quand, Seigneur, te cacheras-tu pour toujours ? Ta colère brûlera-t-elle comme un feu ? » Ils ne doutent pas de l'existence de Dieu et trouvent un réconfort dans leur attente d'un signe de Sa grâce et de Sa miséricorde. Les psaumes nous aident à comprendre qu'il n'y a pas d'époque humaine qui ne soit confrontée au doute et à l'angoisse.

Le doute, répète le psalmiste, est intrinsèque à la croyance. Comme le dit un ami sage, le doute est à la certitude ce que l'ombre est à la lumière. Le doute, disent les Psaumes, met la foi à l'épreuve et l'approfondit. Une vie de foi est censée ressembler à une épreuve d'endurance humaine et, si nous constatons que la foi se tarit en nous, les Psaumes nous disent leur désespoir et nous apprennent à connaître ce qu'est l'espérance, et c'est le souvenir du désespoir où nous nous étions égarés qui peut nous pousser à lutter si durement pour vivre dans l'espérance. Nos pleurs, dit le psalmiste, peuvent durer une nuit, « mais la joie vient le matin ».

Comme Job, le psalmiste engage un dialogue constant avec Dieu, lui demandant de réduire l'écart intolérable entre le monde tel qu'il est et le monde tel qu'ils voudraient qu'il soit. Le psalmiste ne se contente pas d'attendre la justice. Il se demande pourquoi elle ne semble jamais arriver : il ose même proposer une vision de la justice comme norme à suivre : « Rendez justice au faible et à l'orphelin, faites droit au malheureux et à l'indigent. »

Comme Job, le psalmiste ose affirmer que les humains savent ce qu'est la justice. Les Psaumes expriment de manière obsédante un paradoxe de notre situation : malgré tous nos péchés et nos manquements, nous pouvons encore imaginer, avec une parfaite clarté, à quoi ressemblerait un monde juste. La consolation qu'offre le psalmiste est qu'un jour, le Messie apparaîtra sur Terre pour inaugurer ce monde parfait. En attendant, nous espérons et nous prions, aspirant à la justice sur Terre.

À partir des cités-États grecques du Ve siècle avant J.-C., les hommes ont imaginé une nouvelle forme d'activité – qu'ils ont appelée le politique – où l'œuvre de justice est l'œuvre des hommes.

Dans notre monde postmoderne d'incrédulité, des textes anciens comme le livre de Job et les Psaumes conservent leur pouvoir de consolation. Ils ont la capacité extraordinaire de mettre des mots sur nos propres doutes, sur notre sentiment de faire face à l'impénétrabilité du monde, sur l'absence de justice, sur la cruauté du destin, et sur notre désir d'un monde où notre expérience trouve une validation et un sens. Le fait même qu'ils aient été sauvegardés pendant des milliers d'années, récités, copiés, sauvés des flammes prouve que nous ne sommes pas seuls dans notre recherche d'un sens au monde et à notre existence.

2.

L'espoir

Les épîtres de Paul

CELUI QUI A CRÉÉ une nouvelle approche de consolation chrétienne à partir de la tradition prophétique juive était un jeune zélote juif issu d'une famille de fabricants de voiles et de tentes, habitant la ville portuaire de Tarse, capitale administrative romaine de la Cilicie, aujourd'hui le Sud-Est de la Turquie. Le zélote, un mot qu'il revendiquait avec fierté, était quelqu'un qui vivait en croyant à la venue d'un Messie, comme le prophétisent Isaïe, Jérémie et les Psaumes. Il était aussi pharisien, et pratiquait une stricte observance de la loi juive, au milieu d'une ville commerçante romaine et païenne. Pour ce jeune homme fougueux d'une vingtaine d'années, l'engagement envers Dieu et la Torah était mis à l'épreuve dans les bordels et les bars qui l'entouraient, ainsi que dans les discussions sur la politique, sur la religion entre les commerçants et les artisans entassés sur les marchés ou dans les ruelles de Tarse.

Appelé Saül, il était peu avenant, avait un tempérament vif et la langue débridée. Il atteignit sa majorité au moment où Jésus de Nazareth, un autre zélote, fils de charpentier, commença à prêcher dans les collines de Judée qu'il était le Messie annoncé par les prophètes d'Israël, proclamant qu'il était arrivé à Jérusalem pour renverser toutes les autorités terrestres et instaurer le royaume de Dieu. C'était de la rébellion, de la sédition, et le fils du charpentier finit crucifié.

Ses disciples se dispersèrent, puis se regroupèrent lentement, répandant l'idée que leur chef crucifié était réapparu. Ceux qui croyaient en lui pouvaient vivre dans l'attente pleine d'espoir de sa seconde venue.

Les premières communautés chrétiennes commencèrent à se former, mettant en commun des biens, pratiquant la charité, élaborant une structure religieuse avec des rituels – le pain et le vin en imitation de la dernière Cène. À chaque instant, ils croyaient se préparer à la fin des temps prophétisée par les prophètes hébreux Samuel, Daniel et Isaïe, et par le Deutéronome[1].

Sur la route de Damas, Paul de Tarse, parti combattre les jeunes communautés chrétiennes, entend une voix semblable à celle entendue par Job, mais cette fois-ci à partir d'une lumière aveuglante, venant du ciel : « Saül, Saül, pourquoi me persécutes-tu ? »

Il tombe de son cheval et reste stupéfait, tandis que la voix de Jésus lui dit de se rendre dans la maison d'un chrétien à Damas et d'y attendre d'autres instructions.

Le calvaire de Saül sur le chemin de Damas fut une expérience d'angoisse mentale si convulsive qu'elle se traduisit par un effondrement physique. Il reste quelque temps aveugle et impuissant, n'ayant pu entrer à Damas qu'en titubant sur

1. Livre de Moïse sur les paroles adressées à Israël.

les bras de ses compagnons et en s'abritant dans l'obscurité. Maintenant, il doit se retrouver seul face à lui-même. Et si tout ce qu'il avait cru était faux ? Et si ceux qu'il avait persécutés avaient eu raison ? Son univers mental s'effondre. Mais il retrouve la vue et la raison. Saül se rend dans le désert pour se purifier ; lorsqu'il revient à Jérusalem, il est un homme transformé.

Ce n'était plus Saül, mais Paul.

Sa conversion l'a convaincu que, si Dieu le veut, chacun de nous peut devenir une nouvelle personne, d'un jour à l'autre. Un être humain n'est pas enchaîné pour toujours par des habitudes, des pulsions, des dépendances et des besoins. Une personne peut renaître, être rachetée et bénéficier d'une vie meilleure. Paul s'est efforcé de persuader tous ceux qu'il rencontrait que Dieu pouvait changer leur vie ici et maintenant, afin de les préparer pour l'Éternité.

À cette époque, en 34 ou 35 après J.-C., il n'y avait ni les Évangiles de Matthieu, ni ceux de Marc, de Luc ou de Jean, ni les Actes des Apôtres, ni de prêtres ni d'évêques, ni d'organisation ecclésiastique… Rien qu'un petit groupe de disciples de Jésus, des pêcheurs de Judée, des collecteurs d'impôts et des gens de la campagne qui parlaient surtout l'araméen. À l'inverse, Paul était un cosmopolite : il venait d'un port de la Méditerranée, il parlait couramment le grec et il connaissait les routes commerciales terrestres et maritimes qui reliaient l'empire. Il n'était pas un grand orateur et n'avait pas une présence charismatique légendaire, mais il possédait une vulnérabilité et un charme qui attiraient les gens vers lui. « Car moi, je suis le plus petit des apôtres », a-t-il déclaré à la communauté chrétienne de Corinthe, « je suis ce que je suis et j'ai travaillé plus dur que tous les autres disciples ».

Les premiers apôtres de Jésus resteront méfiants. Mais Paul a surmonté leurs doutes en se rendant indispensable. Il avait compris que leur groupe risquait de se fragmenter en sectes rivales qui seraient écrasées par l'hostilité des autorités juives et romaines. D'une manière ou d'une autre, si la foi devait survivre, elle devait générer un *credo*, écrit pour guider les fidèles. Ce *credo*, commencera par les lettres de Paul, des épîtres, qui cherchent à encourager, à réprimander, à inverser les tendances, à clarifier les différends éthiques et théologiques. Parfois, il utilisait ses lettres pour faire taire les luttes entre factions et les contestations de son autorité. Mais ce fils de fabricant de voiles a fait de ses épîtres les pierres angulaires d'une orthodoxie qui survit encore aujourd'hui.

Il a fait du christianisme une foi universelle ouverte à tous. Les autres disciples, Pierre en particulier, se méfiaient des païens. Paul pensait différemment. Il venait d'un port où Juifs et païens, adorateurs du paganisme, épicuriens et stoïciens rivalisaient sur le marché pour obtenir l'allégeance et le commerce de leurs voisins. Dans sa lettre aux Galates, il allait proclamer ce message : « Il n'y a plus ni Juif ni Grec, il n'y a plus d'esclave ni d'homme libre, il n'y a plus ni homme ni femme, car vous êtes tous un dans le Christ Jésus. »

Les consolations de la philosophie stoïcienne et épicurienne – de Cicéron et de Sénèque, d'Épicure et d'Épictète –, sur lesquelles nous reviendrons, ont été écrites pour les élites grecques et romaines. Paul offre une consolation qui reprend l'égalitarisme que la tradition hébraïque attribue aux habitants de Sodome, repris par la suite par les discours séculiers, révolutionnaires, socialistes, humanistes et libéraux.

À la fin des temps, tous les êtres humains seront peut-être égaux, disait Paul, mais, ici et maintenant, les croyants doivent s'adapter à la réalité. Sa doctrine affirme l'égalité de l'esclave et de l'homme libre, mais il déconseille aux esclaves de se soulever contre leurs maîtres ; il affirme que si les femmes et les hommes sont égaux, les femmes doivent obéir à leurs maris. En ce qui concerne les pouvoirs en place, Paul n'a jamais contesté l'autorité romaine. Il a même insisté pour qu'on lui accorde les droits d'un citoyen romain. Rendre à César ce qui est à César, avait prêché son maître, et il était fidèle à cette injonction.

Paul enseignait que les croyants devaient apprendre la patience et l'endurance. Lui aussi a dû les apprendre. La souffrance, disait-il à ses disciples de Rome, enseigne la persévérance. Pendant plus de trente ans, en tant que prédicateur itinérant, célibataire, parcourant les routes de l'Est de l'Empire romain, il a adapté son message de bonne nouvelle aux peines et aux angoisses des humbles hommes et femmes auxquels il s'adressait. Des gens qui voulaient croire à la venue du Messie mais qui avaient aussi besoin d'être consolés de la dureté de leur existence quotidienne.

Alors que pour les codes épicuriens du monde romain, la seule voie raisonnable était de rechercher le plaisir et la souffrance, la foi dans le Christ faisait de la souffrance le cœur de l'expérience humaine, et de l'image la plus choquante de cette souffrance – la crucifixion – son symbole permanent.

L'idée de Paul était de modeler sa vie de disciple sur la *via dolorosa* du Christ. Souffrir mettait la foi à l'épreuve et prouvait sa résistance : « Trois fois j'ai fait naufrage ; une nuit et un jour j'ai été à la dérive sur la mer ; j'ai fait de fréquents voyages, au péril des fleuves, au péril des brigands, au péril de mon peuple, au péril des païens, au péril de la ville, au péril du désert, au péril de la mer, au péril des faux frères ; j'ai peiné et souffert, j'ai passé bien des nuits blanches, j'ai eu faim et soif, j'ai souvent été privé de nourriture, j'ai été exposé au froid. Et, en dehors de tout cela, il y a la pression quotidienne sur moi de mon anxiété pour toutes les églises. »

En racontant ses propres souffrances, Paul enseignait aux croyants qu'ils devaient eux aussi souffrir dans l'attente du salut. Son choix de souffrir était la preuve ultime de sa foi.

Une dizaine d'années après la crucifixion de Jésus, Paul s'installe à Thessalonique, une capitale gréco-romaine située sur la Via Egnatia, la route impériale vers l'est, peuplée de fidèles de dieux païens, ainsi que d'administrateurs et de serviteurs romains. Il y resta deux ans, exerçant son métier de fabricant de voiles, tout en créant une congrégation qui se réunissait dans la maison d'un fidèle. Deux ans plus tard, dans une lettre aux Thessaloniciens, il leur dit que le retour de Jésus pourrait les surprendre. Mais lorsqu'il aurait lieu, ils devraient se préparer à la fin des temps : « Car le Seigneur lui-même descendra du ciel, avec un cri, à la voix de l'archange et au triple appel de Dieu, et les morts ressusciteront. Ensuite, nous, les vivants qui seront restés, nous serons enlevés avec eux sur les nuées, à la rencontre du Seigneur dans les airs. C'est ainsi que nous serons pour toujours avec le Seigneur. » Et il ajoute : « Consolez-vous les uns les autres par ces paroles. » Il n'y a jamais eu de consolation plus forte que celle-là. Au lieu du vieillissement et de la décrépitude, au lieu de la peur et de la perte, un moment culminant viendrait où le temps serait aboli et où les croyants vivraient au-delà de la perte et de la douleur dans un présent éternel.

Paul croyait ardemment qu'il vivrait pour voir le Messie. Mais le Messie n'est pas venu de son temps. Comme le dur travail missionnaire s'est étendu sur des années et des décennies, il a commencé à reformuler son message extatique pour consoler ceux qui attendaient depuis longtemps, ceux qui avaient perdu des êtres chers et ceux qui se demandaient si la promesse était toujours valable. En tant que dirigeant politique essayant de maintenir ensemble des communautés de foi en proie au doute autour de la Méditerranée, Paul s'est trouvé obligé d'élaborer une rhétorique qui console les croyants d'une espérance qui semblait ne jamais devoir se réaliser. Il était persuasif parce qu'il n'a jamais caché le prix qu'il avait payé pour croire en la bonne nouvelle. Après avoir été emprisonné et avoir échappé de peu à la mort lors d'un voyage missionnaire en Asie mineure, il a dit à la communauté de Corinthe qu'il était revenu vers elle « dans la faiblesse, avec beaucoup de crainte et de tremblement ». Avec un moral si bas qu'il avait besoin de leur réconfort pour pouvoir en réconforter d'autres. L'aveu de son abattement et de son déchirement l'a aidé à gagner et à conserver la confiance de ses coreligionnaires. Dans sa fragilité, ils voyaient une image de la leur.

Après les premières années à Thessalonique où il a découvert ses propres dons d'organisateur, de théologien et de chef spirituel, le chemin de la foi est devenu plus rude et plus difficile pour Paul. Des gouverneurs l'ont jeté en prison. Des communautés qu'il croyait fermement attachées au christianisme perdent la foi ou sont séduites par des prédicateurs rivaux. Il est emprisonné à Éphèse et à Philippes en Grèce, et, dans des lettres écrites depuis la prison, il se qualifie, avec découragement, d'« ambassadeur enchaîné ». Lorsqu'il quitte Éphèse, vers 55 après J.-C., après plus de vingt ans passés à sillonner la Méditerranée, il annonce aux Éphésiens : « des loups sauvages viendront au milieu de vous et n'épargneront pas le troupeau ». C'était à eux de tenir bon. Il ne pouvait pas les aider davantage.

L'historien Tacite nous apprend que lors de l'incendie de Rome en 62 après J.-C., le tyran Néron en a imputé la responsabilité aux chrétiens, et que des milliers d'entre eux ont été chassés et tués. On pense que Paul était l'un d'eux, mais sans aucune certitude. Nous savons ce qui l'a le plus tourmenté à la fin de sa vie : il n'était pas arrivé à convaincre les Juifs de la véracité de son message. Paul avait fait de sa vie l'œuvre d'un apôtre. Il avait vu des païens, des hommes et des femmes qui ne connaissaient pas la Loi, ni même les Écritures, mais qui menaient une vie pieuse. Il enseignait : « l'homme est justifié par la foi, en dehors de l'observation de la Loi ». Il avait créé une nouvelle foi dans laquelle les hommes, proclamait-il, étaient sauvés non pas par leurs œuvres, par l'accomplissement d'obligations rituelles, mais par la grâce de Dieu qui pardonne tout.

Pourtant, on peut se demander comment Paul lui-même a supporté l'opposition totale de son peuple et son éloignement de sa propre origine. Il a cité, en reconnaissant avec dépit, les paroles désespérées du prophète Isaïe : « J'ai travaillé en vain. J'ai dépensé mes forces pour rien. »

Paul est resté, tout au long de sa vie, un homme déchiré entre les exigences d'une nouvelle foi et l'emprise profonde de celle qu'il avait laissée derrière lui. Dans sa lettre aux fidèles de Rome, il s'écrie : « Je ne comprends pas ce que je fais car je ne fais pas ce que je voudrais faire mais je fais ce que je déteste... Me voilà bien malheureux ! Qui va me libérer de ce corps qui me conduit vers la mort ? »

Tel est le Paul dont l'angoisse s'adresse, à travers le temps, à ceux qui croient et à ceux qui ne croient pas, un Paul dont la foi a perduré non pas en dépit de l'adversité, mais à cause d'elle. Jour après jour, il a trouvé du réconfort dans les routines ordinaires du travail missionnaire, dans les amitiés qu'il avait nouées, dans les souvenirs de ceux qu'il avait amenés à la foi, dans leurs larmes lorsqu'il quittait Éphèse, et dans leur chagrin lorsqu'il les laissait derrière lui. Son amour pour eux n'a jamais été abstrait. Il se souvenait, dans toute leur singularité, de ces hommes et de ces femmes qui l'avaient hébergé, qui avaient exercé le même métier, qui avaient parcouru les mêmes routes, qui avaient enduré les mêmes peines. Les noms de ces fidèles reviennent au long de ses lettres, des hommes et des femmes, des riches et des pauvres : Phoebe et Priscilla, Andronicus et Urbanus, Titus, Barnabas, Timothée. Il prend soin de les distinguer, de les remercier pour leur communion et leur réconfort. Avec eux tous, il avait créé un lien que la distance et la persécution, les disputes et les querelles ne pouvaient briser. Sur le long et difficile chemin de Damas, il avait appris que la foi seule n'était peut-être pas une consolation suffisante.

Ce sont les vivants, et leur amour, qui lui ont donné l'espoir : « Si j'ai une foi qui peut déplacer des montagnes, mais que je n'ai pas d'amour, je ne suis rien. Si je donne tout ce que je possède aux pauvres et que je livre mon corps aux flammes mais que je n'ai pas d'amour, je ne gagne rien. L'amour est patient, l'amour est bon. Il n'est pas jaloux. Il ne se vante pas, il n'est pas orgueilleux. Il n'est pas grossier, il n'est pas égoïste, il ne se met pas facilement en colère, il ne garde pas de traces de ses erreurs. L'amour ne se complaît pas dans le mal, mais se réjouit de la vérité. Il protège toujours, fait toujours confiance, espère toujours, persévère toujours. »

Il est possible de lire cela comme une confession voilée. Il avait une foi à déplacer les montagnes, mais la foi n'avait pas suffi. C'est l'amour que lui avaient témoigné ces étrangers qui étaient devenus ses compagnons et ses amis, un amour qu'il n'avait peut-être pas su rendre au cours de ses décennies de travail incessant, qu'il savait maintenant être la lumière dont il fallait s'inspirer.

En tant que vieil homme au bout d'une longue route, Paul savait que le Messie ne viendrait peut-être pas de son vivant. Il savait qu'il avait servi jusqu'à la limite de ses forces et que la preuve de ce qu'il avait réussi à accomplir résidait dans l'amour de ceux qu'il allait laisser derrière lui. Dans leur amour – réel, ou imaginaire – il avait reçu le seul signe que les humains puissent jamais avoir de ce que peut être l'amour de Dieu : « Et maintenant, ces trois-là restent : la foi, l'espérance et l'amour. Mais le plus grand d'entre eux est l'amour. »

3.

Les larmes de Cicéron

Lettres sur la mort de sa fille

LES PREMIÈRES communautés chrétiennes du monde méditerranéen vivaient au sein d'une élite païenne, formée aux idées épicuriennes et stoïciennes sur la manière de conserver l'espoir face au découragement et à la malchance. Contrairement aux chrétiens de Paul, ni les stoïciens ni les épicuriens ne prétendaient à l'universalité : leurs philosophies étaient écrites pour et par une élite masculine romaine. La philosophie romaine ne considérait pas la souffrance comme une preuve de la faveur divine, mais comme un malheur qu'il fallait maîtriser par l'autodiscipline. Les stoïciens enseignaient qu'un homme sage devrait apprendre à supporter la souffrance, tandis que les épicuriens pensaient que les hommes devaient éviter la douleur autant que possible, et vivre pour le plaisir.

Pour les philosophes païens, la consolation n'est pas apportée par le salut, mais par l'approbation sociale. Ils ne pensaient pas que les hommes puissent être consolés, comme l'ont été les chrétiens, par une vision de l'univers ayant un sens, un but ou une direction. Certains épicuriens, Lucrèce en particulier, estimaient que l'univers n'avait d'autre ordre que le hasard. Face à la perte tragique et à la perspective de la mort, les philosophes romains conseillaient un code viril de maîtrise de soi. Si un homme pouvait contrôler ses réactions, le respect et l'admiration de ses pairs masculins lui apporteraient une consolation.

Lorsque Paul a commencé à prêcher, le principal homme politique de la fin de la République romaine, Cicéron (Marcus Tullius Cicero, 106-43 av. J.-C.), s'enorgueillissait de sa maîtrise du code stoïcien et se considérait comme un philosophe de la consolation. Son livre *Consolatio* a disparu, mais ses *Tusculanes* ont survécu, et elles constituent un brillant dialogue sur le *credo* stoïcien.

Quand sa fille bien-aimée mourut en 45 avant J.-C., Cicéron dut appliquer le stoïcisme pour panser cette blessure profonde. Ce n'est pas la première fois dans notre histoire que les mots se heurtent à la douleur de la vie, et que les écrits philosophiques sur la souffrance se révèlent incapables de consoler même l'homme qui les a rédigés. Nous ne connaissons la fille de Cicéron – comme la plupart des femmes de l'Antiquité – qu'à travers ce qu'un homme (en l'occurrence son père qui l'adorait) a dit d'elle. Il l'appelait dans ses lettres « la plus chère à mon cœur ». Elle lui ressemblait, disait-il, mais ce qu'elle avait hérité de lui – avec son long nez, ses yeux cruels, sa tête ronde, ses lèvres retroussées, sa voix tranchante, faite pour la déclamation et les plaisanteries malveillantes – n'est pas évident à deviner. Il a fait l'éloge de sa modestie féminine, mais il n'a laissé aucune trace de la personne singulière qu'elle était. Cet écrivain capable de se rappeler mot pour mot les paroles de ses collègues et des philosophes n'a donné qu'un seul exemple où l'on voit « vivre » sa fille encore enfant : elle avait exigé qu'il demande à son ami Atticus de lui apporter un cadeau lors de sa prochaine visite et avait insisté pour que son père s'engage à ce que son ami tienne sa promesse.

Atticus avait lui aussi une fille, et les deux hommes échangeaient des lettres dans lesquelles ils évoquaient la comédie des pères qui se font manipuler par leurs filles.

Cicéron avait marié Tullia à trois maris : veuve du premier, divorcée du deuxième, elle en avait épousé un troisième, un raté du nom de Dolabella, dont Tullia était enceinte pour la première fois à l'âge de trente-deux ans. Or ce troisième mariage était sur le point de s'effondrer, Dolabella insiste sur le fait que ce mariage n'était pas son idée mais celle de sa femme, et qu'il lui avait été imposé alors qu'il était absent pour gouverner une province de l'Est. Tout cela faisait désordre.

Tullia avait assisté aux pires et aux meilleurs moments de l'illustre carrière de Cicéron. Celui-ci se souvient qu'elle s'était évanouie d'angoisse et de peur lorsque le Sénat l'a envoyé en exil en 58 avant J.-C. Quand le Sénat vota son rappel l'année suivante, c'est elle, et non sa mère, qui fit le voyage de Rome vers le sud de l'Italie jusqu'au quai de Brindisi pour accueillir le bateau qui le ramenait d'Athènes. C'est elle qui a voyagé dans sa litière, à travers les foules en liesse, ville après ville, lors de son retour triomphal à Rome. Alors que les tribunaux et le Sénat Romain étaient les lieux où Cicéron déployait son éloquence cinglante, ses apartés narquois, sa maîtrise magistrale de la langue latine, entrecoupée de références ostentatoires en grec, Tullia était là.

Après plus de trente ans de mariage, Cicéron, âgé de soixante ans, avait divorcé de sa femme Terentia, et épousé sa pupille de dix-huit ans, Publilia. Pourquoi ? Par luxure ? Après-coup, il regretta sa décision et demanda à Tullia de lui accorder son pardon et son indulgence. C'est avec Tullia, et non avec Publilia, qu'il passe le peu de temps que lui laissent ses fonctions publiques. En janvier et février 45 avant. J.-C., alors qu'il attendait comme sa fille la fin de son emprisonnement, elle aurait fait des confessions douloureuses pour lui, sur les trahisons de Dolabella et l'échec de son mariage. Père et fille se sont rapprochés en partageant le désarroi de leurs vies personnelles en voie de désintégration.

Les soucis privés de Cicéron s'ajoutent aux soucis publics. Rangé du côté de Pompée dans la guerre civile qui s'était terminée par la bataille de Pharsale en 48 avant J.-C., il s'est vite rendu compte qu'il avait soutenu un perdant. Bien que réconcilié avec Jules César, sorti victorieux, il n'avait pu s'empêcher de s'arroger des pouvoirs dictatoriaux, de se mettre à dos le Sénat et de mettre en péril l'œuvre de sa vie. Pour Cicéron, la République représentait bien plus que l'ensemble des postes honorifiques – questeur, édile, consul – qu'il avait gravis à l'âge de quarante ans ; plus que les tribunaux, où il s'était rendu célèbre par ses talents d'orateur ; plus que le Sénat, où ses discours condamnant les conspirateurs de Catilina en 62 avant J.-C. étaient considérés comme ayant sauvé Rome. La République était le cadre qui donnait un sens à sa vie. Être républicain signifiait pratiquer les vertus du citoyen romain : faire preuve d'esprit public, sacrifier sa vie, si nécessaire, pour la défense de la République, et être stoïque dans l'endurance de la douleur. Le républicanisme était un code masculin, au centre duquel se trouvait le mépris des larmes et de la faiblesse féminine. Une femme pouvait s'affliger, déchirer ses vêtements, se couvrir le visage d'un voile, mais un homme devait accepter les coups du destin et l'approche de la mort avec un calme philosophique et une maîtrise de soi. Les citoyens romains qui portaient le fardeau et la gloire de défendre la République étaient censés supporter les périls de la vie publique et privée avec stoïcisme.

Cicéron avait adhéré à cette version de la consolation dans ses lettres, toutes écrites à des hommes, toutes offrant une *consolatio* pour les revers de fortune habituels en politique, mais endémiques en temps de guerre civile : proscription, confiscation de domaines, meurtres par vengeance et règlements de comptes, ainsi que pour les malheurs moins mortels, mais toujours blessants, de la calomnie et du commérage. La *consolatio* était également destinée au chagrin privé : perte de parents, d'enfants, d'épouses, d'esclaves privilégiés et d'autres serviteurs.

Cicéron était devenu le maître de ce discours « viril » et moralisateur. Comme il l'a écrit en 46 avant J.-C. à un ami qui avait subi un revers de fortune : « Il y a une forme de consolation, extrêmement banale je vous l'accorde, que nous devrions toujours avoir sur nos lèvres et dans nos cœurs – se rappeler que nous sommes des êtres humains, nés sous une loi qui fait de notre vie une cible pour toutes les frondes et les flèches de la fortune, et qu'il ne nous appartient pas de refuser de vivre dans les conditions de notre naissance, ni de nous indigner avec tant d'impatience des malheurs que nous ne pouvons éviter par aucun processus de prévoyance, mais, en nous rappelant ce qui est arrivé à d'autres, d'induire la réflexion que ce qui nous est arrivé à nous-mêmes n'est pas nouveau. »

La *Consolatio* était un code séculier : les dieux, distants et indifférents à la tragédie humaine, n'y jouaient qu'un rôle secondaire. Cela pouvait être supporté et enduré tant que la République continuait à fournir un sens à la vie d'un homme, tant que Rome dominait les nations. Mais avec César aux commandes en 45 avant J.-C. et le Sénat réduit à une non-entité, Cicéron pensait que sa République était à l'agonie. C'est dans ce contexte que le Romain le plus célèbre de son époque perd sa fille : malgré tous les efforts des meilleures sages-femmes et des meilleurs médecins, Tullia meurt en mettant au monde son fils Lentulus.

Épouvantable choc pour Cicéron. Il était tellement désemparé qu'il n'y a dans ses lettres aucune mention des funérailles ou de l'incinération. Il semble qu'il ait laissé le corps de sa fille et celui de Lentulus entre les mains des esclaves de Dolabella pour s'enfuir au sud de Rome, dans son domaine d'Astura, dans la baie d'Antium. Là, il s'enferme, ne supporte aucune compagnie, passe des nuits blanches et, le jour, erre dans les bois de son domaine, seul, échevelé et en pleurs. Cela dura six semaines. Lorsque son plus vieil ami, Atticus, demanda de ses nouvelles, Cicéron avoua que les larmes étaient son ennemi. « Je me bats contre elles autant que je le peux, mais je ne suis pas encore à la hauteur de la lutte. »

Son chagrin, connu du public, commence à déconcerter les Romains. Ses amis s'étonnaient que l'homme le plus éloquent et le plus dominateur ait pu se défaire à ce point. Son effondrement donnait à ses ennemis l'occasion de le qualifier d'hypocrite efféminé, incapable de pratiquer cette maîtrise de soi, stoïque, qu'il avait prêchée. Il est pris au piège. Il avait conceptualisé la *consolatio,* et il était inconsolable. Il avait compris, trop tard, à quel point il avait aimé sa fille et qu'il n'aurait pas dû divorcer de sa femme, confessant à un ami que penser à elle lui causait « des blessures que je ne peux toucher sans de profonds gémissements ». Ce qui donnait un sens à sa vie s'était effondré.

C'est à ce moment-là, en mars 45 avant J.-C., que Servius Sulpicius, un ancien camarade de classe qui avait étudié l'art oratoire avec Cicéron, lui écrit une lettre de condoléances depuis Athènes, où il exerce les fonctions de gouverneur. Il commence par avouer que s'il avait été présent aux côtés de Cicéron, il aurait lui-même eu besoin d'être réconforté, non seulement pour ses chagrins personnels, mais aussi pour l'état désespéré de la République, désormais fermement sous le contrôle du dictateur Jules César. C'est cela – l'état lamentable de la République, et non la mort d'un enfant – qu'ils devaient déplorer. Pourquoi pleures-tu ? osa-t-il demander à son ami. « Comment se fait-il qu'un chagrin privé t'agite si profondément ? Pensez à la façon dont la fortune nous a traités jusqu'à présent. Songez qu'on nous a arraché ce qui ne devrait pas être moins cher aux êtres humains que leurs enfants – le pays, l'honneur, le rang, toutes les distinctions politiques. Quelle blessure supplémentaire cette perte pourrait-elle infliger à vos sentiments ? Où est le cœur qui n'aurait pas dû, à ce moment-là, perdre toute sensibilité et apprendre à considérer tout le reste comme d'importance mineure, je vous en prie ? Est-ce à cause d'elle que vous êtes triste ? »

Pourquoi pleurer Tullia ? Quelle vie aurait-elle pu mener ? Ses maris étaient morts ou l'avaient trahie. Elle n'aurait pas pu réaliser l'ensemble des espoirs d'une femme : voir son fils grandir et atteindre le pouvoir et la prééminence. Chacune des opportunités offertes à une femme, dit Sulpicius, « avait été supprimée avant d'être accomplie ». Elle avait vécu pour partager la joie de la brillante carrière de son père. Cela ne devrait-il pas lui suffire ?

Il écrit qu'il a récemment traversé Corinthe et Mégara, villes autrefois prospères et aujourd'hui ruines désolées, « gisant prostrées et démolies sous nos yeux ». Si tel est le destin de toutes les réalisations humaines, poursuit-il, tous les hommes devraient prendre conscience de leur propre finitude. Pourquoi, demande-t-il encore, Cicéron devrait-il être si affligé par la mort « d'une faible femme » ?

Il conseille à Cicéron de ne pas laisser croire à ses ennemis qu'il est accablé par la perte de sa fille. Faites-leur croire que vous vous affligez pour la République, conseille-t-il. N'imitez pas ces médecins qui ne pratiquent pas l'art de la guérison sur eux-mêmes, et rappelez-vous, conclut-il avec un sombre avertissement, que votre chagrin vous rend vulnérable. Si vous voulez avoir un avenir en politique, mettez de côté votre chagrin si féminin : « Nous t'avons vu à maintes reprises supporter la bonne fortune avec une noble dignité qui a grandement contribué à ta renommée : le moment est venu pour toi de nous convaincre que tu es capable de supporter la mauvaise fortune. »

Cicéron se sentit réconforté que son ami fût son « partenaire dans la maladie de [s]on âme » et admit qu'il était « déshonorant de ne pas supporter [s]on affliction de la manière dont tu penses qu'elle devrait être supportée ». Pourtant, il se sentait « écrasé et à peine capable de lutter contre [s]on chagrin ». Dans la République d'autrefois, « le chagrin privé était atténué par de hautes fonctions » au service de l'État. Mais aujourd'hui, la République n'est plus qu'une coquille vide, et sa vie publique n'a plus de sens : « Je n'avais aucun plaisir à faire quoi que ce soit dans les tribunaux ; quant au Sénat, je ne pouvais en supporter la vue. Autrefois, j'avais toujours un sanctuaire où me réfugier et un havre de repos ; j'avais quelqu'un dont la douce conversation pouvait m'aider à laisser tomber le fardeau de toutes mes angoisses et de tous mes chagrins. Aujourd'hui, je m'absente à la fois de ma maison et des tribunaux, car ni les chagrins que l'État me cause ne peuvent plus être consolés par ma vie familiale, ni les chagrins de ma maison par l'État. » La consolation ne lui est possible que lorsque la vie de la République donne un sens à son existence. Or, conclut-il, « dans une période où nous devons nous adapter sans réserve à l'inclination d'un seul homme, il n'y a pas de consolation possible ».

Lorsque la nouvelle du deuil persistant de Cicéron se répand à Rome, ses amis masculins perdent patience. Son comportement n'est pas seulement un signe de faiblesse. Il menace également de saper les fondements du pouvoir. Brutus lui reproche de ne pas faire preuve de la sévère maîtrise de soi d'un Caton. Un historien que Cicéron avait autrefois supplié, sans vergogne, de lui faire un éloge dans son dernier ouvrage lui écrit – sur le ton de la plaisanterie et de l'aiguillon – pour lui demander de se ressaisir : « Allons donc ! Serez-vous le seul à ne pas voir ce qui est évident – vous qui, avec votre esprit vif, pénétrez les secrets les plus profonds ? Toi, le seul homme à ne pas percevoir que tes lamentations quotidiennes ne te servent à rien ? »

Lorsque Atticus le presse gentiment d'oublier son chagrin et de reprendre ses fonctions, Cicéron ne l'écoute pas. « Toute consolation, dit-il, est vaincue par la douleur. » Puis il ajoute, comme si une étincelle d'espoir venait de s'allumer : « J'ai cependant fait quelque chose que personne n'a jamais fait avant moi. Je me suis consolé en écrivant. Je vous enverrai le livre. Je peux vous dire qu'il n'y a pas pareille consolation. »

Dans un sursaut, il fouille les rayons de sa bibliothèque, à la recherche d'une nouvelle inspiration, ordonne à son esclave affranchi, Tiron, de trouver les sources grecques antiques, et commence à écrire un livre dont le titre est emblématique de son état d'esprit : *Consolatio* (Consolation), que nous avons évoqué. Il n'en reste qu'un fragment. Cicéron spécule fébrilement sur la nature de l'âme, qu'elle soit « humide, aérienne ou ardente », sur la façon dont l'âme doit être liée à « la mémoire, l'esprit ou la pensée », et pourquoi elle doit être l'œuvre des dieux. « Ce qui pense, sait, vit et grandit doit être céleste, divin et donc éternel. »

Il commença par harceler son ami Atticus pour qu'il lui achète un terrain où il puisse ériger un sanctuaire à Tullia. Bien qu'il n'en fût rien, pour autant que nous le sachions, il était très sérieux, voulant se racheter de ne pas avoir compris à quel point il avait eu besoin d'elle.

Atticus a désavoué cette obsession d'un sanctuaire pour sa fille, l'exhortant à faire preuve de plus de sang-froid car à Rome, on commençait à jaser. Cicéron répondit avec une pointe d'amertume: « Tu m'exhortes et tu dis que d'autres veulent que je cache la profondeur de mon chagrin. Puis-je mieux le faire qu'en passant toutes mes journées à écrire? Même si je ne le fais pas pour cacher, mais plutôt pour adoucir et guérir mes sentiments, il n'en reste pas moins que, si je ne me fais guère de bien, je sauve les apparences. »

Un père qui venait de perdre sa fille aurait pu chercher du réconfort dans la compagnie de son petit-fils en bas âge, mais Cicéron ne s'est jamais rendu à Rome pour le voir, si ce n'est pour demander à Atticus de veiller à ce que Lentulus reçoive tous les soins qu'une famille puisse apporter. Quelques mois plus tard, l'enfant allait, à son tour, mourir.

C'était comme si les principes selon lesquels il vivait – réserve, sang-froid, dévouement aux affaires publiques – lui avaient fermé toutes les voies de guérison, à l'exception d'une seule: retrouver sa stature de sage d'une République en passe d'être écrasée par la tyrannie de César. Cette voie lui semblait également fermée, comme il l'avoua à Atticus: « Vous me rappelez mon ancien mode de vie. Il y a longtemps que je déplore la perte de la République… Maintenant, je ne peux absolument pas suivre mon ancien mode de vie et d'emploi; et je ne pense pas que je doive me soucier de ce que les autres pensent de cela… »

Mais il savait que ce « mode de vie » était le seul qu'il lui restât. La vraie consolation, par opposition au confort temporaire, signifiait de redevenir Cicéron, ennemi des tyrans et défenseur des valeurs républicaines. Après trois mois de tourments et de solitude à Astura, il se sentit assez fort pour dire à Atticus : « Si ceux qui pensent que mon esprit est écrasé et brisé à nouveau connaissaient la quantité et la nature du travail littéraire que je fais, je pense, s'ils sont humains, qu'ils me tiendraient pour innocent. Il n'y a rien à me reprocher : j'ai récupéré au point d'avoir l'esprit libre pour m'engager dans un travail d'écriture difficile, et même dans quelque chose dont on peut me féliciter… Je fais tout ce que je peux pour me débarrasser de mon chagrin. »

En juillet, il avait compris que le chagrin pouvait résister à tout réconfort, mais qu'il finirait par succomber avec le temps : « Il y a beaucoup de chemins vers la consolation, mais celui-ci est le plus droit : laisser la raison apporter ce que le temps est sûr d'apporter. »

À la fin de l'été, il était prêt à retourner dans son domaine de Tusculum, hanté par les souvenirs de Tullia et de Terentia et par la vie de famille qui avait été la sienne. Là, à l'instar des académies grecques d'Athènes, il avait construit des arcades et placé des canapés pour que les invités puissent s'allonger et discuter de sujets philosophiques. Il commença à écrire les *Disputes toscanes,* une série de dialogues dans lesquels il jouait tous les rôles, ruminant sur la nature de la mort, du chagrin et de la douleur. La philosophie, lui avaient enseigné les Grecs, existe pour apprendre aux hommes à ne pas craindre la mort. Ayant ressenti son aiguillon, il était prêt à consigner sa propre philosophie de la consolation. Dans les *Disputes,* il écrit, comme pour se le rappeler à lui-même : « Car le nom de vertu vient de *vir,* homme, et le courage est la distinction particulière de l'homme : et cette vertu a deux devoirs principaux, celui de mépriser la mort et celui de mépriser la douleur. Nous devons donc les exercer si nous voulons être des hommes de vertu ou, plutôt, si nous voulons être des hommes. » Les parties molles de l'âme d'un homme, pensait-il désormais, conduisaient à des « lamentations et à des larmes de femme », et ces parties molles devaient être maintenues dans un confinement strict, « comme nos serviteurs, sous bonne garde et presque avec des chaînes ».

À la fin de l'été 45 avant J.-C., il rédige un nouvel essai, intitulé *Sur le chagrin*. Il considère désormais les tourments de la douleur qu'il a vécus en février et en mars comme une maladie folle. Il ne s'était pas affligé pour sa fille – puisqu'elle ne pouvait plus souffrir – mais pour lui-même. La folie n'avait été rien d'autre que de la lâcheté face à sa propre mort. Dans une série de syllogismes, reflets de sentiments refoulés, Cicéron déclara au monde, mais surtout à lui-même : « Un homme sage n'est jamais affecté par le chagrin : car tous les hommes sages sont courageux ; par conséquent, un homme sage n'est jamais sujet au chagrin. » Il se soumettait, une fois de plus, au code stoïcien qui lui avait échappé quelques mois plus tôt. S'il voulait redevenir le Cicéron d'autrefois, il lui fallait allier la sagesse et la bravoure. Les exigences du retour à la vie publique à Rome requièrent cet héroïsme stoïcien. Il jura à Atticus : « Quand je viendrai à Rome, ils n'auront rien à redire sur mon apparence ou sur mes propos. J'ai perdu à jamais la gaieté avec laquelle j'avais l'habitude de tempérer la tristesse de l'époque, mais je ne manquerai ni de courage ni de fermeté dans mon comportement ou mes paroles. »

Autrefois critiqué pour son opportunisme politique, il comprend maintenant que survivre à la mort de sa fille l'oblige à choisir une voie et à s'y tenir. Cette voie est facilitée par le désastre politique qui se déroule autour de lui. La dictature de César ne lui laisse qu'un seul choix : résister à la tyrannie jusqu'à la mort si nécessaire.

Comme il l'écrit à un confident en 44 av. J.-C., il préfère périr pour une noble cause – la défense de la République – plutôt que de vivre sous un régime despotique : « Sans aucun doute, mon courage, affaibli comme il l'était [...], a été merveilleusement fortifié par la perte de tout espoir. »

De retour à Rome cette même année, il s'engage dans la lutte contre César, sans participer au complot – Brutus et Cassius l'ont tenu à l'écart. Il a assisté au spectacle sanglant dans la salle du Sénat, lorsque les couteaux des conspirateurs ont abattu le dictateur. Lorsque Marc-Antoine brandit son épée contre les sénateurs et cherche à prendre la place de César, Cicéron lance une salve d'attaques rhétoriques féroces – qu'il baptisera les Philippiques, en référence aux attaques de Démosthène contre le tyran Philippe de Macédoine. Ses amis l'exhortent à la prudence, cependant Cicéron, plus téméraire, se drape une dernière fois dans le rôle qui avait fait sa réputation de grand défenseur de la République. Comme si, après avoir affronté sa propre peur de la mort, il s'était senti capable, pour la première fois, de jeter la prudence aux orties.

Pendant un bref moment, il semble s'être placé du côté des vainqueurs. Mais lorsque Antoine et Octave, l'héritier de César, s'unissent et combinent leurs forces avec Lépide[1] pour former le second triumvirat le 11 novembre 43 avant J.-C., Cicéron sait qu'il est perdu. Les vainqueurs l'ont proscrit, et n'importe qui peut le traquer et le tuer en échange d'une prime. Il s'enfuit jusqu'à son domaine d'Astura, envisage brièvement

1. Marcus Æmilius Lepidus, dit Lépide (89-13 av. J.-C.), général et homme politique romain.

de rejoindre la Grèce par la mer, puis se ravise. Plus question de fuir : il est temps d'affronter son destin.

Plutarque raconte qu'alors que les assassins se rapprochaient, Cicéron ordonna aux serviteurs qui portaient sa litière de le déposer, et attendit calmement leur arrivée. Il connaissait même l'un des assassins, pour avoir plaidé sa cause au tribunal. Il était trop tard, et l'homme était trop indigne pour implorer la pitié, pour user de sa célèbre éloquence dans une ultime tentative de survie, « le visage flétri par l'anxiété », selon les mots de Plutarque. Le regard immuable, il inclina sa tête de façon qu'elle soit sans défense et à découvert devant les lames de ses assassins. Ceux-ci le décapitèrent et ils lui coupèrent les mains, qu'ils les envoyèrent à Rome où elles furent exposées comme preuve définitive de la disparition du dernier défenseur de la République et de l'opposant le plus redouté des partisans des nouveaux dictateurs.

Grâce au récit de Plutarque[1] et d'autres historiens, la mort de Cicéron a permis d'établir un lien entre la maîtrise de soi stoïcienne et la vertu républicaine, une association qui devait durer encore un millier d'années. Un siècle plus tard, en 55 après J.-C., Sénèque mourut d'une hémorragie lente et douloureuse en se soumettant à Néron, dont il avait été le tuteur dans sa jeunesse, qu'il avait conseillé en tant que dirigeant et qu'il en était venu à mépriser en tant que tyran. Sa mort a contribué à consolider le modèle que Socrate avait lancé et que Cicéron avait embelli : un homme peut s'assurer l'immortalité par le défi qu'il lance à un tyran et par l'équanimité avec laquelle il fait face à la mort.

Ceux qui se considéraient comme les héritiers des règles selon lesquelles Cicéron avait vécu furent moins sentimentaux

1. Plutarque (46-125), philosophe grec.

à propos de son héritage. Pour Tite-Live, le plus grand historien de Rome, encore jeune à la mort de Cicéron, celui-ci avait affronté quatre grands malheurs dans sa vie : l'exil, la proscription, la mort de sa fille et sa propre mort. Il avait vécu sa propre mort « en homme ». En effet, de tous les héritages que ce père singulier a légués à l'histoire de la consolation, celui qui demeure le plus durable est la façon dont les hommes doivent apprendre à réprimer leurs émotions. Jusqu'aux pères de la Révolution américaine, les hommes ont été élevés dans l'idée qu'une vie publique, selon la vertu républicaine, exigeait dans la vie privée une stoïque maîtrise de soi.

C'est grâce à Cicéron et au stoïcisme romain que les hommes ont appris, pendant plus de mille ans, à refuser le réconfort des larmes et qu'ils ne méritaient la consolation, apportée par l'approbation de leurs pairs masculins, que s'ils restaient dignes et calmes à travers les épreuves. Cette consolation a coûté cher, notamment à son auteur Cicéron.

4.

Face aux barbares

Les Méditations de Marc Aurèle

DURANT les dernières années de son règne, entre 165 et 180 après J.-C., dans les campements où il vivait tout en combattant les tribus barbares de l'empire Parthe, Marc Aurèle a commencé à écrire, la nuit, des notes. À l'époque médiévale, ces notes ont été connues sous le nom de *Méditations* mais, dans les manuscrits les plus anciens, elles sont intitulées en grec Τὰ εἰς ἑαυτόν, « les pensées pour soi-même ». Cicéron avait cherché la consolation à travers le stoïcisme et pour le plaisir d'un auditoire, mais Marc Aurèle, qui s'efforçait de maîtriser sa peur et sa solitude dans l'obscurité, a trouvé la consolation dans la confession.

Après une journée d'inspections et de pourparlers avec les chefs barbares venus lui payer un tribut, de consultations avec ses généraux sur la disposition de ses légions, l'empereur vieillissant, froid, réservé, toujours distant, enfin seul, avait le temps d'écrire.

Il aurait voulu épancher son cœur, mais à qui pouvait-il avouer ses sentiments? Sa femme est morte et, de toute façon, les souvenirs qu'il garde d'elle ne sont pas tendres. Des rumeurs lui sont parvenues de Rome selon lesquelles elle l'aurait trahi. Il la savait liée à l'un de ses meilleurs généraux, un général qui, après sa victoire dans les guerres parthes, avait conspiré pour le détrôner. La tête du général capturé en Orient lui avait été livrée, en putréfaction, dans une boîte. S'il ne pouvait pas faire confiance à un homme de cette qualité, à qui pouvait-il faire confiance ? À sa concubine esclave ? On ne se confie pas aux concubines. À ses professeurs ? Dans sa jeunesse, il s'était ouvert à certains d'entre eux, notamment à Cornelius Fronto, dans des lettres pleines d'esprit, mais ils étaient morts. Et le voilà après vingt-trois jours de voyage, isolé dans un camp fortifié à la frontière du Danube. Les barbares attendent au loin, la paix imposée est fragile, et il pouvait voir les lumières vacillantes de leurs feux de camp.

Marc Aurèle méditait sur sa vieillesse. Son fils Commode était à Rome, loin de la ligne de front, impatient de lui succéder. Entre vingt et quarante ans, il avait lui-même attendu le pouvoir, servant patiemment aux côtés d'Antonin le Pieux, le père qui l'avait adopté comme fils et héritier ; il s'était accommodé des humeurs de son père adoptif, avait exécuté ses instructions, en grinçant parfois des dents. Bientôt, tout ce fardeau ingrat passerait à son fils. Il l'avait jadis choyé et voilà que de vilaines rumeurs parvenaient à ses oreilles : dissipation, sauvagerie et sadisme. Marc Aurèle n'était pas dupe de ce qui pourrait arriver à sa mort, mais il avait assuré sa succession. Son devoir était accompli.

Sur les places publiques de son empire, il avait exposé des sculptures de son buste – le long visage frangé de barbe, les cheveux bouclés, le regard timide et distant. Il était un objet de vénération, mais il savait qu'il n'était pas aimé. Il savait que ses généraux et ses courtisans se moquaient de lui, l'appelant

« le maître d'école » pour sa ponctualité, sa façon de corriger leurs discours. Il les imagine chuchotant sur son lit de mort : « Enfin, nous pouvons respirer à nouveau librement. »

Comment ces hommes pourraient-ils aimer un homme qui n'aime pas leurs plaisirs ? La foule l'acclamait au Forum parce qu'il le fallait, mais il trouvait lassant le spectacle du massacre des animaux et des combats sanglants des gladiateurs dans sa répétition de la lutte à mort. Bien qu'il eût permis l'existence des jeux pour distraire son peuple, il préférait ne pas y apparaître s'il le pouvait. Son ascétisme, commencé très tôt et devenu naturel, était mal accepté par ceux qui l'entouraient. Il ne buvait pas. Quant aux femmes, c'était du passé. Mais son attitude à l'égard de l'amour charnel ne l'avait pas non plus rendu sympathique aux yeux de son peuple. Un jour, il avait fait remarquer que le coït n'était rien d'autre qu'une brève convulsion suivie de l'éjection d'un peu de mucus. On l'avait écouté avec incrédulité. Sa répulsion pour la copulation et son caractère extraterrestre n'attiraient pas les gens vers lui. Il était également indifférent à la richesse, comme seuls peuvent l'être les hommes qui n'ont jamais rien connu d'autre. Alors, comment l'aimer ?

Il trouvait ironique de réfléchir au peu de contrôle réel qu'il exerçait sur son propre destin. Qu'est-ce que le destin avait fait de lui ? À l'apogée de la prospérité de l'empire, cinq ans après son avènement en 160 après J.-C., une peste avait frappé son peuple. Elle avait emporté un tiers de ses sujets. Après quoi les barbares, chose impensable, étaient arrivés par le nord de la péninsule italienne, et ils avaient mis à sac la ville d'Aquilée, ouvrant la route de Rome. Lui qui n'avait jamais porté de casque, ni de bouclier, ni de jambières avait dû s'armer de courage pour devenir un guerrier. Au début, les Romains l'avaient traité d'hypocondriaque à la poitrine fragile, mais il avait gagné des batailles. Et depuis, il se battait pour repousser les barbares, dans une guerre qu'il avait tenue éloignée de Rome pendant plus de dix ans, cantonnée dans des terres marécageuses et boisées près du Danube. Élevé pour l'étude et le débat, pour des conversations raffinées dans des villas avec vue sur la mer, il avait mené quatorze ans de campagne brutale contre des peuples germaniques occidentaux, les Marcomans (actuelle Bohême-Moravie) et les Quades (actuelles Slovaquie et Hongrie...), les repoussant au-delà du Danube, tuant leurs femmes et leurs enfants, brûlant leurs campements.

À Sirmium, à Aquincum, à Vindobona comme à Carnuntum, les villes de garnison de la campagne du Danube, la routine était la même : un long hiver de préparatifs suivi d'un été de combats, puis le décompte des morts, l'arrivée de nouvelles recrues, le défilé des légionnaires sur les places d'armes... Il avait vaincu ces barbares à de nombreuses reprises, les avait pacifiés par des accords et des trêves, pour les voir revenir là où il s'y attendait le moins, traverser le fleuve pour lancer des raids, tuer et emmener des prisonniers. Après des années, il décida de mettre fin à leurs incursions. Il revint en force, brûla et détruisit, encore et encore. Les barbares avaient été humiliés. Ils s'étaient repliés sur le Danube. Il y avait eu des parades à Rome. On avait élevé des statues, on avait taillé des bas-reliefs dans le marbre, montrant les barbares à genoux, agrippés aux flancs de son cheval, implorant sa pitié.

Ce qu'il avait vu dans ces campagnes lui avait endurci le cœur. Maintenant, dans la nuit, seul à son bureau, il avoue son horreur : « Si vous avez déjà vu une main, un pied ou une tête coupés, alors vous avez une image de ce que l'homme fait de lui-même. »

L'horreur, mais aussi la lassitude et le dégoût. Dans les bains de ces campements, les légionnaires étaient évacués avant qu'il n'entre pour faire ses ablutions, mais toute « cette huile, cette sueur, cette saleté, cette eau grasse, tout cela est dégoûtant », écrivait-il. Lorsqu'il passait à cheval devant des villages en flammes, la puanteur des corps s'incrustait dans les plis de sa tunique. Lorsqu'il passait en revue ses légions, il détestait l'odeur nauséabonde qui émanait de leurs corps. On attendait de lui qu'il fasse preuve d'exaltation et de détermination, et cette performance lui donnait envie de dire ce qu'il ressentait vraiment. Mais à qui un empereur pouvait-il se confier ? À lui seul.

Il se mit donc à transcrire, lorsqu'il n'arrivait pas à dormir, les pensées qui lui venaient au hasard, non pas en latin mais en grec, sur des rouleaux de papyrus, avec de l'encre faite d'huile teintée de charbon de bois. S'il manquait d'inspiration, il lisait les ouvrages qu'il s'était fait envoyer de Rome : Épictète, Cicéron, bien sûr, Sénèque, Lucrèce aussi. S'il avait songé à écrire un ouvrage de philosophie, ce temps était révolu. Pas de traité, pas de discussions intelligentes avec les morts. Il était vieux et épuisé. Il était temps, enfin, qu'il se parle à lui-même. Aux chroniqueurs et aux historiens de rapporter les campagnes qui venaient de s'achever.

Il n'écrirait que pour lui. Il conservait les parchemins près de lui, enfermés et gardés. Il se confessait, pour se maîtriser autant qu'il le pouvait, pour exprimer ce qu'il ne pouvait dire à personne, sous peine de porter atteinte à son autorité. Ce serait sa consolation, la seule qu'il pût contrôler, la consolation comme confession, comme confrontation avec lui-même, pour soulager sa solitude, pour atténuer sa peur, pour se donner la volonté, sinon l'espoir, de continuer.

Il commença de manière assez conventionnelle, en évoquant tous ceux – son père adoptif, son tuteur, ses professeurs – qui avaient fait de lui ce qu'il était devenu. Il devait être agréable, dans le camp isolé au bord du grand fleuve bleu, de se souvenir de ces ombres disparues. Dans le portrait qu'il fit de son père adoptif, l'empereur Antonin le Pieux, il peignit une image idéalisée de lui-même : « Les qualités que j'admirais chez mon père étaient son indulgence, son refus catégorique d'être détourné d'une décision qu'il avait délibérément prise, sa totale indifférence à l'égard des honneurs méritoires ; son industrie, sa persévérance et sa volonté d'écouter tout projet pour le bien commun ; l'insistance constante sur le fait que les récompenses doivent dépendre du mérite ; le sens de l'expert pour savoir quand serrer les rênes et quand les relâcher ; et les efforts qu'il a faits pour supprimer la pédérastie. »

Ah oui, la pédérastie. Tout comme son père, Marc Aurèle était conservateur, puritain, révolté par la chair – même s'il admettait un engouement passager pour un garçon qu'il appelait Théodote, pour se féliciter, ensuite, d'avoir évité les plaisirs couramment pratiqués par les jeunes nobles romains.

Il aimait se considérer comme une construction, soigneusement élaborée après des années passées à observer comment Antonin le Pieux avait forgé sa propre personnalité, puis l'avait maintenue face aux courtisans, aux esclaves et à la foule romaine. Ce qu'il admirait chez son père, c'était cette prouesse si naturelle, comme si le masque était devenu l'homme lui-même. Pourtant, après s'être rappelé avec tendresse la performance de son père, il avoua que « la vie naturelle » – par laquelle il entendait une vie vécue dans l'obéissance à la « vraie intériorité » – lui avait échappé. Comment aurait-il pu en être autrement ? Toute sa vie n'avait été qu'un spectacle impérial.

Un spectacle qui commençait à l'aube. Dès qu'il ouvrait les yeux, un serviteur ou un garde apparaissait pour attendre les ordres. Il se préparait à la journée qui l'attendait : « Commencez chaque journée en vous disant : Aujourd'hui, je vais rencontrer l'ingérence, l'ingratitude, l'insolence, la déloyauté, la mauvaise volonté et l'égoïsme. »

Il devait agir comme si ces courtisans insolents et perfides – ses officiers, ses généraux – étaient ses frères, ses semblables, également dotés de raison et d'une « part de divin ». Le fossé entre son désir de jouer au stoïcien et son sentiment constant d'irritation à l'égard de ceux qui l'entouraient l'amenait à se demander qui il était vraiment. « Un peu de chair, un peu de souffle, et une raison pour tout gouverner, c'est-à-dire moi-même. »

Et quelle était cette raison ? À cinquante-cinq ans, il souffrait de douleurs intestinales chroniques, et se sentait « au seuil de la mort ». En quoi la raison pourrait-elle l'aider ? Il ne savait que trop bien qu'elle était une « esclave » qui « se tortillait comme une marionnette ». Alors, comment retrouver la maîtrise de lui-même ?

La sagesse de Sénèque, de Cicéron et d'Épictète ne l'aidaient pas non plus. Cicéron se consolait de l'admiration des autres pour son interprétation de la vertu stoïcienne, mais quelle consolation pour un empereur dont l'existence entière n'était qu'une performance ? Il était temps de se voir sous l'œil du destin, de comprendre « que ton temps a une limite » et d'utiliser le temps qu'il te reste pour « faire avancer ta lumière » avant qu'il ne soit trop tard. Abordez chaque action, se disait-il, « comme si c'était la dernière ».

Ses pensées se tournaient régulièrement vers la mort, vers la « rapidité avec laquelle toutes les choses disparaissent, leur corps dans le monde de l'espace et leur souvenir dans le monde du temps ». Pour un homme dont la vocation était de construire des monuments, de fonder des provinces, de soumettre des barbares, d'élargir les frontières de l'empire et de laisser derrière lui des bustes à son effigie et des inscriptions marbrées témoignant de sa grandeur, l'impermanence des choses était terrifiante. Dans la vie de l'homme, écrivait-il, le changement est une source de tension. « Son temps n'est qu'un instant, son être est un flux incessant, ses sens une faible lumière, son corps la proie des asticots, son âme un tourbillon inquiet, sa fortune obscure et sa renommée douteuse. »

La rivière qui coulait la nuit devant son campement lui semblait une métaphore du temps. « Tout ce qui tient du corps est comme des eaux courantes, tout ce qui tient de l'âme comme des rêves et des vapeurs. » Ici, au pays des barbares, ses campagnes lui ont appris que sa vie était « une guerre, un séjour sur une terre étrangère; sa renommée posthume, l'oubli. »

Il sentait que le temps lui était compté, que ses propres forces – la ruse, la détermination et la perspicacité – étaient en train de disparaître. « Il faut se hâter, non seulement parce que chaque heure nous rapproche de la mort, mais aussi parce qu'avant même la mort, nos facultés de perception et de compréhension commencent à s'affaiblir. » Puis, comme si le pain laissé sur sa table de nuit avait suscité une pensée inattendue qui maintenant remontait à la surface, il remarqua que les fissures dans le pain, « bien qu'elles n'aient pas été voulues lors de la cuisson, aiguis[ai]ent l'appétit ». Il laissa également ses pensées s'arrêter sur quelques olives. Il remarqua qu'elles s'ouvraient pour montrer leur maturité et que « l'imminence même de la décomposition ajoute une beauté particulière au fruit ». De petits détails insignifiants qui touchent la nature et l'acceptation de sa propre mortalité.

Il se rassurait face à sa propre décrépitude. En dépit de sa prééminence et de sa célébrité, il serait bientôt oublié : « Cette vie mortelle est peu de chose, vécue dans un petit coin de la Terre ; et peu de chose aussi est la plus longue renommée à venir – dépendant comme elle l'est d'une succession de petits hommes qui périssent rapidement et qui n'ont même pas connaissance de leur propre personne, et encore moins d'une personne morte depuis longtemps. »

Le plus vain des espoirs humains, mais celui qui consolait la plupart des hommes, était le *kleos* – la gloire et la renommée –, comme l'appelaient les Grecs. Pourquoi lui, l'empereur de tous, ne chercherait-il pas la consolation dans la renommée ? Il devait oublier cet espoir : « L'homme qui cherche à être célèbre après sa mort oublie que ceux qui se souviendront de lui mourront aussi un jour, et que, avec le temps, les générations suivantes l'oublieront à leur tour. Il aurait brillé et disparu, puis son souvenir s'éteindrait complètement. » Que restait-il de l'époque de l'empereur Vespasien, cent ans plus tôt ? « Des hommes et des femmes occupés à se marier, à élever des enfants, à tomber malades, à mourir, à se battre, à festoyer, à chicaner, à cultiver, à flatter, à se vanter, à comploter, à lancer des malédictions, à se plaindre du destin, à aimer, à amasser, à convoiter des trônes et des dignités. » Il était effrayant de penser qu'aucune trace de cette vie grouillante n'avait survécu.

Si l'on ne peut pas vivre dans l'espoir de se souvenir, il ne reste plus qu'à pratiquer la vertu dans le présent. Ce qui doit inspirer un homme, c'est « la pensée juste, l'acte désintéressé, la langue qui ne profère pas de mensonge ». Pourtant, il y avait des matins, avoue-t-il, où les exigences de la journée étaient trop lourdes et où il avait envie de rester au lit. La paix de l'esprit qu'il recherchait en écrivant lui échappait de plus en plus.

Ses angoisses s'aggravaient. Seul, il se voyait, avec effroi, comme un homme ordinaire. Cela ne lui apportait aucun réconfort. Il valait mieux se rappeler qu'il était aussi un empereur. Chose inévitable pour quelqu'un qui a l'habitude de s'exprimer en public et qui s'attend à ce qu'un auditoire soit suspendu à chacun de ses mots, il commença à accumuler injonction sur injonction. « Le destin est à vos pieds », disait-il, puis il se reprenait et se rappelait à quoi servaient ses carnets : « Ne te trompe plus, tu ne liras plus jamais ces carnets, ni les annales des Romains et des Grecs d'autrefois, ni ce choix d'écrits que tu as mis de côté pour tes vieux jours. Poursuivez donc jusqu'au bout, et chassez les vaines espérances. »

Peu à peu, sans qu'il le voie clairement, ses écrits intimes se transformaient en petits discours pour impressionner et édifier les autres et, bien qu'il s'en défendît, pour attirer l'attention de la postérité. Il avait noirci des parchemins pour se consoler. Maintenant, il s'en servait pour produire des sentences destinées au public : « L'homme d'ambition pense trouver son bien dans les opérations des autres, l'homme de plaisir dans ses propres sensations, mais l'homme de compréhension dans ses propres actions. »

Et ainsi de suite : des leçons didactiques écrites qui le ramenaient inexorablement au rôle même dans lequel il s'était senti emprisonné et qu'il avait cherché à fuir en n'écrivant que pour lui-même. Et ce sont ces passages qui ont été retenus comme incarnant la sagesse de Marc Aurèle. Ce sont les passages qui dépeignent un empereur seul, épuisé, qui sont les plus convaincants – et les plus consolants pour nous.

En vrai, il ne pouvait maîtriser sa lassitude de la vie qu'en professant un dédain impérial pour la vie, et pour ses ennuyeux congénères. L'existence, écrivait-il avec aigreur, est

« un spectacle vide, une pièce de théâtre ; des troupeaux de moutons, des troupeaux de bétail ; un combat de lanciers ; un os jeté parmi une meute de maudits ; une miette lancée dans un étang de poissons ; des fourmis chargées et laborieuses ; des souris effrayées et qui se débattent ; des marionnettes qui tirent sur leurs ficelles – voilà ce qu'est la vie. » Ce mépris l'a mis à l'abri des courtisans. « Je suis né pour être leur chef, comme le bélier est fait pour conduire le troupeau et le taureau pour conduire le bélier. » Le mépris et la supériorité lui donnaient le sentiment d'être au sommet d'une montagne, au-dessus des petits mortels, de regarder de haut « les bouffonneries, les querelles, la timidité, la paresse et la servilité » qui l'entouraient.

Le fait de se précipiter vers le réconfort que lui procurait son propre rôle ne pouvait cependant pas le protéger des pensées les plus sombres. Les parchemins qu'il a couverts en grec oscillent entre la froide assurance et le doute angoissant. Il n'arrivait pas à oublier les membres coupés vus sur le champ de bataille. Ils semblaient être une métaphore de sa propre dissociation intérieure, du sentiment d'être coupé de son vrai moi. « Et pourtant, voilà une belle pensée », se dira-t-il, un peu désespéré : « Il est encore en ton pouvoir de te réunir. Aucune autre partie de la création n'a été aussi favorisée par Dieu en ayant la permission de se réunir à nouveau, après avoir été séparée et divisée. »

L'homme pourrait se reconstituer, rassembler les pièces détachées, c'était vrai. Si seulement il savait le faire : « Ô mon âme… Quand donc seras-tu satisfaite, sans besoins, sans regrets, sans désirer aucun plaisir, aucun objet de ton plaisir, animé ou inanimé ? »

Paradoxalement, le réconfort, la consolation qu'il parvenait à trouver ne venaient pas de la confession, du fait d'être seul avec lui-même, mais du rôle, des devoirs, des fardeaux qu'il portait. Ces pages d'examen de conscience – uniques dans le monde antique, ou du moins les seules qui nous soient parvenues – se terminent avec mélancolie. Il s'imagine comme un acteur sur scène, jouant pleinement son rôle, avant de dire, brusquement, que son temps est écoulé. « Mais je n'ai pas joué plus de trois actes sur cinq », s'entend-il plaider. C'est alors qu'une voix lui dit : « Dans le drame de ta vie, trois actes suffisent. »

Il avait 59 ans lorsqu'il mourut, de la peste semble-t-il, dans l'un de ses campements militaires spartiates de Sirmium, à une quarantaine de kilomètres de la ville de Belgrade, en Serbie. Celui qui s'était efforcé de manière aussi obsessionnelle de se persuader qu'il ne laisserait aucune trace à la postérité devait en réalité penser l'inverse. Il s'était assuré l'immortalité non pas grâce aux monuments, aux décrets, aux ponts, aux routes ou aux conquêtes dont ses contemporains se souvenaient, mais plutôt grâce à une activité secrète dont personne ne connaissait l'existence – les « choses à soi », « la douzaine de parchemins » – que, mourant, il a dû empaqueter et confier à son adjudant le plus fidèle pour qu'il les ramène à Rome avec son corps, et qu'ils restent inconnus pendant des siècles. Recopiés par des scribes dans des monastères, ces parchemins ont trouvé une nouvelle raison d'être : consoler les autres des perplexités et des angoisses que même un empereur ne savait pas maîtriser.

Nous considérons aujourd'hui les *Méditations* de Marc Aurèle comme l'un des grands exposés du stoïcisme, mais, à l'instar des épîtres de Paul ou des *Tusculanes* de Cicéron, ce qui les fait perdurer, ce n'est pas la doctrine, mais les doutes que la doctrine n'a pas pu dissiper. Ce qui leur permet d'offrir une consolation aux générations suivantes, c'est leur franchise inégalée à l'égard de la solitude, du découragement, de la peur et de la perte. Il est en effet consolant de savoir que même un empereur ne pouvait pas passer la nuit seul avec ses pensées. C'est une chose que nous pouvons partager avec lui.

5.

Les consolations de la philosophie

Boèce et Dante

POUR LES ROMAINS du Ve siècle de l'ère chrétienne, l'évolution de leur empire s'est produite par étapes. Les catastrophes, comme le sac de Rome en 411 par les Wisigoths, furent suivies de décennies de décadence, avec une administration impériale réduite, des territoires cédés à des tribus étrangères, des bâtiments laissés à l'abandon, des viaducs non réparés et le peuple, autrefois nourri par la générosité de Rome, abandonné à la famine. Aujourd'hui encore, nous nous demandons comment les Romains ont pu comprendre l'évolution de leur monde. Parfois, le processus se déroulait si lentement qu'ils ne s'en rendaient pas compte ; à d'autres moments, lorsque le changement engloutissait des vies entières, il semblait apocalyptique.

En tout temps, mais surtout lorsque les événements historiques deviennent compréhensibles, les gens s'accrochent à des illusions de continuité, en particulier celles fabriquées par leurs dirigeants. Alors que la République romaine s'est éteinte avec la mort de Cicéron en 43 av. J.-C., Auguste[1], le nouvel empereur de Rome, s'est efforcé de conserver les anciennes institutions républicaines, comme le Sénat, et de défendre du bout des lèvres la liberté de la ville. En réalité, ces institutions étaient réduites à une coquille vide. Le pouvoir impérial, violent et capricieux, a gouverné Rome pendant des siècles, derrière la façade croulante de la République. En 500 après J.-C., il ne restait plus qu'un simulacre de liberté.

Pendant cette longue période de déclin, les hommes continuaient à penser qu'ils avaient évité le pire. L'empereur Marc Aurèle, qui était mort à Sirmium en 180 après J.-C., croyait, on l'a vu, que ses années de guerre aux frontières avaient garanti la sécurité de l'empire. Bientôt, la futilité de sa lutte devint évidente. Les barbares continuaient d'avancer et, devant leurs assauts répétés, l'empire s'installa dans un modèle de retraite inexorable et lent. En août 378 après J.-C., l'empereur romain Valens périt pendant la bataille d'Adrianople[2] dans une défaite désastreuse et, un siècle plus tard, les chefs de tribus que Marc Aurèle pensait avoir conquis devinrent les maîtres de son empire.

En l'an 500, maître de l'Italie, de la Gaule et de l'Espagne, le roi ostrogoth Théodoric le Grand[3] régnait sur le trône de l'empire d'Occident à Ravenne. Son seul rival était l'empereur d'Orient à Constantinople. Théodoric s'était emparé du trône en poignardant un rival ostrogoth lors d'un banquet, mais il comprit qu'il était vital d'habiller son règne des insignes, des formes institutionnelles et de l'écriture latine de Rome. Il ordonne que ses robes soient teintes en pourpre de Tyr ; il émet des pièces de monnaie qui ressemblent aux modèles

1. Auguste (63 av. J.-C – 14 après J.-C.).
2. Aujourd'hui Edirne ou Adrianople en Turquie.
3. Théodoric le Grand (454-526), roi des Ostrogoths et empereur d'Occident.

impériaux ; il reconstruit les thermes romains, rénove Rome et appose des plaques de cuivre portant son nom sur les édifices publics. Il relance les cirques et les jeux sur le Forum, accorde sa déférence au Sénat, même si la grande assemblée de Cicéron n'était plus que l'ombre d'elle-même. Il adopte également la nouvelle foi qu'est le christianisme.

Théodoric règne sur une Italie encore dominée par une aristocratie romaine terrienne, dont les *latifundia*[1] lui fournissent nourriture et loyers. De grandes villas, des bibliothèques et des légions d'esclaves. Ces aristocrates poursuivaient le *cursus honorum* de l'époque de Cicéron, même s'ils étaient dépourvus de pouvoir réel. Les Romains, bien qu'un barbare fût sur le trône, s'accrochaient à l'autorité réelle, celle de la loi, de la tradition, du respect et de la lignée. Théodoric savait qu'une partie de l'élite romaine le considérait comme un usurpateur et un hérétique, tandis que d'autres ne le servaient que pour assurer la restauration de leurs anciennes gloires. Mais il avait besoin de leur expérience et de leurs capacités administratives, puisqu'il n'écrivait ni le latin ni le grec. Au lieu de signer les documents officiels, il les tamponnait à l'aide d'un pochoir métallique, *legi* – « je l'ai lu ». Les Romains chuchotaient que leur nouveau souverain était « inculte ».

De tous les aristocrates romains qui se sont engagés au service de Théodoric, aucun n'avait l'envergure du philosophe Boèce, *alias* Anicius Manlius Severinus Boethius, membre d'une ancienne famille romaine Anicia, qui, au cours des siècles passés, avait fourni des consuls, deux empereurs et un pape à l'empire. Le père de Boèce avait été consul et, après sa mort, l'orphelin Boèce avait été adopté par Quintus Aurelius

1. *Latifundia* (singulier : *latifundium*), grandes propriétés agricoles exploitées principalement dans le monde romain à partir de la fin de la République et pendant l'Empire romain.

Memmius Symmachus, consul, préfet de Rome et chef du Sénat. Il avait reçu la meilleure éducation possible et avait rapidement été reconnu comme un prodige, maîtrisant le grec, le latin, puis l'astronomie, les mathématiques et la musique.

Jeune, Boèce fait partie d'un cercle restreint d'aristocrates romains – dont son contemporain Cassiodore, le principal scribe du roi, ainsi qu'Ennodius, un évêque – au service du roi barbare à Ravenne. Dans ce trio de Romains, Boèce s'impose rapidement comme *primus inter pares,* premier entre ses pairs. Il conçoit une horloge à eau et un cadran solaire que Théodoric offrit au roi burgonde et, grâce à son talent pour la musique, il est chargé de choisir la lyre à envoyer à Clovis, roi des Francs. Boèce fait également un rapport au roi sur l'état de la monnaie et, à l'âge de trente ans, il obtient le poste honorifique de consul, tout comme son père.

Mais tourné vers les études, dès qu'il le pouvait, il se rendait à la bibliothèque de Rome pour reprendre la vie de l'érudit patricien, sur le modèle de Cicéron et de Sénèque. Il veut traduire en latin l'intégralité d'Aristote et de Platon pour garantir la survie du savoir philosophique. Sans cesse appelé au service du roi, il ne réussira pas à terminer ce travail.

Il aurait pu imaginer sa vie publique comme une réalisation selon l'idéal de Platon : les gouvernants devraient être guidés par les philosophes. A-t-il rêvé qu'un jour, il deviendrait lui-même un roi philosophe ? En 522, Boèce était *magister officiorum,* maître de la maison du roi, son Premier Ministre et le chef de la fonction publique.

Cette ambition de rentrer dans le monde « mental » des aristocrates romains, avec leur fierté, leur supériorité patricienne, mais aussi leur honte d'avoir été soumis aux rois barbares. Les barbares les traitaient comme des serviteurs. Ils se moquaient de l'habileté de Boèce et lui confiaient des tâches ingrates, tandis que celui-ci assistait, impuissant, au pillage de l'Italie, au mépris du Sénat et de ses traditions.

Ces barbares, hérétiques, pratiquaient l'arianisme[1], que Boèce disséqua dans une lettre à un ami proche. Appliquer le couteau philosophique sur la foi de son roi était dangereux, mais il en prit le risque, car la promesse du salut chrétien serait nulle et non avenue si l'arianisme s'imposait. Les ariens niaient que Jésus ait pu être un homme comme les autres, en proie à la souffrance, à la faim et aux désirs sexuels. Si Jésus n'était pas un homme comme nous, « alors la race humaine, écrivait Boèce, n'a pas été sauvée, et la naissance du Christ ne nous a pas apporté le salut ».

Théodoric, prudent, tolérait de façon égale la foi arienne et ce que l'on appelait déjà la foi catholique. Mais il ne pouvait permettre aux chrétiens de mêler leur foi à la politique, car il craignait qu'ils ne conspirent avec l'empereur d'Orient pour réunir les deux empires sous l'autorité de Constantinople. Théodoric ne savait que trop bien que certains membres de l'aristocratie romaine nourrissaient de telles ambitions. Il savait que son emprise sur les Romains était fragile.

Mais après trente ans de pouvoir, son autorité se relâchait. En 518, son successeur désigné mourut ; son réseau d'alliances avec d'autres rois barbares commença à se désintégrer ; il craignait que l'empereur d'Orient ne s'allie avec les sénateurs romains et ne provoque sa chute.

En 523, les courtisans de Théodoric produisirent des lettres, probablement falsifiées, révélant un complot des sénateurs romains visant à inviter l'empereur de Constantinople à déposer Théodoric. Dans la salle du conseil, lorsqu'un

1. Arianisme : doctrine religieuse créée par Arius fondée sur la négation de la divinité de Jésus.

courtisan lança cette accusation, en présence du roi, Boèce proclama : « Si vous les accusez, c'est moi que vous accusez. Bien sûr, nous défendons les prérogatives du Sénat et la liberté de Rome. Qu'attendez-vous d'autre ? Nous sommes des Romains. Mais nous ne complotons pas contre vous. »

Ses paroles furent accueillies par un silence stupéfait. Cassiodore détourna le regard. Théodoric ordonna à ses gardes de s'emparer de Boèce pour l'emprisonner, et demanda au Sénat, réduit à l'impuissance, de le condamner à mort.

Nous savons peu de choses sur les conditions de détention de Boèce, notamment si sa femme, Rusticiana, ou ses deux fils ont pu lui rendre visite. Homme brisé par la défaite politique et par la perspective de l'exécution, il a cherché les mots pour apaiser son esprit désespéré.

Quelles que soient les épreuves physiques qu'il a endurées, c'est la nostalgie d'une vie perdue qui l'a tourmenté. « Dans toute l'adversité de la vie, confesse-t-il, le plus malheureux est d'avoir été heureux un jour. » La souffrance psychique et la sous-alimentation le font dépérir. Autrefois en bonne santé, âgé d'une quarantaine d'années, il regardait à présent son corps avec honte. Il n'était plus qu'« un sac d'os usé accroché à la chair ». Son érudition l'aida à accepter sa situation. Il était l'héritier de la consolation, celle de Cicéron, et familier des épîtres de Paul et des Psaumes. En un seul homme, les riches affluents de la tradition classique et de la tradition chrétienne se rejoignaient.

À l'heure de la détresse, vers laquelle des deux se tournerait-il ?

Il aurait pu embrasser son destin de martyr chrétien, car il était considéré comme glorieux de mourir dans la foi. Dans tout le monde méditerranéen, il y avait des sanctuaires pour les saints chrétiens devant lesquels les humbles allumaient des bougies ou laissaient de la nourriture et autres offrandes. On ne sait quel genre de chrétien était Boèce, et le texte qu'il a écrit en prison n'aborde pas ce sujet.

Il existe au moins une explication plausible à ce silence. De son point de vue, il n'était pas en prison parce qu'il avait critiqué l'arianisme de Théodoric, ou parce qu'il avait contesté l'autorité politique du roi. Boèce n'a jamais caché qu'il était ce que nous appelons un prisonnier politique. Son défi politique, il l'a explicité : « le fait est que j'ai désiré la sécurité du Sénat et que je ne cesserai jamais de le faire. [...] Quant aux fausses lettres citées comme preuve que j'avais espéré la liberté de Rome, il n'y a plus de liberté à espérer. Si seulement il y en avait une ! »

Il aurait pu se présenter en citoyen martyr et dépeindre Théodoric comme un Octavien ou un Néron. Mais il n'a pas suivi cette voie non plus.

Cicéron et Sénèque ne pouvaient que lui dire d'endurer son destin en homme et en Romain. Il connaissait leur *consolation* par cœur : ne pas se lamenter sur la perte de la gloire, de la fortune ou de la richesse, car elles étaient éphémères et sans conséquence. En prison, il utilisait cette rhétorique stoïcienne pour se débarrasser du bagage de sa vie. Mais les textes stoïciens ne pouvaient lui expliquer pourquoi Dieu avait permis un tel destin.

Boèce ne se tourne ni vers les stoïciens ni vers les chrétiens, mais vers les Grecs, Platon surtout, en particulier le *Timée* et le *Phèdre*, qu'il a traduits et qu'il connaît par cœur. Ces textes lui offrent un langage qui le pousse à interpréter sa situation et à se considérer comme la victime d'un destin impitoyable, lié à « la roue de la Fortune qui tourne sans cesse ».

La philosophie grecque, telle que Boèce l'entend, réconcilie l'homme avec *ananké*, le destin. Boèce a suivi cette voie lorsqu'il a écrit en latin *Consolation de Philosophie,* et qu'il a adopté le modèle du dialogue platonicien. Le dialogue est un processus dialectique : le flux et le reflux de l'affirmation et de la réfutation, de la question et de la réponse, par lesquels l'esprit, en discutant avec un autre, saisit lentement la vérité.

C'est Platon qui a enseigné à Boèce que, pour échapper au labyrinthe de sa propre dépression, il avait besoin d'une âme à qui parler. Mais qui devait-elle être ? Il créa « Philosophie » comme âme sœur, ou plutôt « Dame Philosophie », incarnation de sa propre rationalité. Et les mots commencèrent à couler. Il imaginait Dame Philosophie comme une femme de son âge, revêtue d'une matière impérissable, « comme les statues couvertes de poussière ». Dans sa main droite, elle portait des livres de philosophie et, dans la gauche, un sceptre symbolisant la connaissance. C'était une invention magnifique – on imagine que Boèce songeait à sa propre femme, Rusticiana, ennemie farouche des « déesses hystériques » avec lesquelles il tentait en vain d'écrire de la poésie. La poésie, disait-il à Rusticiana avec dédain, « habitue les hommes à leur maladie d'esprit au lieu de les guérir ». C'est elle qui avait le remède. Elle savait quel était le vrai problème : « le désespoir avait arraché les amarres de sa raison ». Elle le ramènerait à la raison par le biais d'un dialogue chaleureux, et essuierait ses larmes.

Cependant, à mesure que Boèce donnait forme à son dialogue avec Dame Philosophie, la lutte pour la consolation se transformait en bataille intérieure entre la peur et la raison, dont la victoire n'était jamais assurée. Dame Philosophie applique, en effet, la médecine de la raison, comme un des consolateurs de Job, conseillant l'acceptation du destin et l'indifférence stoïque aux épreuves. Le prisonnier ne peut s'empêcher de ronger sans cesse son frein face à son sort. La *Consolation* de Boèce, comme les Psaumes et le livre de Job, reflète une crise de croyance : un homme se demande désormais s'il ne lui serait pas plus facile de supporter son sort en imaginant un monde régi par le hasard. « Je suis étonné que les punitions pour les crimes oppriment les bonnes personnes et que les mauvaises personnes arrachent les récompenses dues aux vertus. En fait, je serais moins étonné si je croyais que toutes les choses sont confondues par des événements fortuits qui se produisent au hasard. Mais dans l'état actuel des choses, le Dieu qui est le timonier rend mon incompréhension encore plus grande. »

La *Consolation* est fidèle au drame de toute lutte intérieure – et en saisit aussi la sombre comédie. À peine a-t-il annoncé qu'il pardonnait à ses ennemis – leur méchanceté n'est qu'une maladie à laquelle ils ne peuvent rien – que Boèce commence à se déchaîner, une fois de plus, contre l'injustice qu'ils lui ont faite. Dame Philosophie perd à son tour patience face à cette auto-dramatisation répétitive. Courage, lui dit-elle vivement. Cessez de gémir. Le prisonnier, quant à lui, se lasse : « Dès que vos paroles cessent de résonner à mes oreilles, avoue-t-il, l'esprit est à nouveau accablé par sa profonde mélancolie. Au lieu de toute cette philosophie, il aimerait entendre un peu de musique ou de poésie. »

La *Consolation* a connu une longue postérité auprès des lecteurs – dont Dante, Élisabeth Ire[1] et Thomas More[2] – en raison de l'habileté littéraire exceptionnelle avec laquelle Boèce a dépeint ce que l'on ressent quand on souffre, quand on regarde son propre corps, quand on sent ses dents claquer

1. Élisabeth Ire (1533-1603), reine d'Angleterre.
2. Thomas More (1478-1535), juriste, historien, philosophe, théologien et homme politique anglais.

de peur, quand on lutte pour maîtriser le chaos de l'angoisse et de l'effroi.

Mais si la *Consolation* a soulagé certains lecteurs, a-t-elle réussi à consoler l'homme qui l'a écrite ? Certains ont dit que le texte était incomplet, comme si Boèce avait été emporté avant de pouvoir l'achever. Les phrases de conclusion n'offrent pas de réconfort exaltant, seulement des appels modérés à l'honnêteté, à la vertu et à la prière.

* * *

Lorsque l'empereur d'Orient Justinien conquit le royaume ostrogoth en 536 et s'installa à Ravenne, l'Église catholique commença à s'approprier Boèce en tant que saint martyr. Elle fut aidée par Justinien, qui lança une campagne idéologique contre le crime le plus notoire de Théodoric. Dans le portrait en mosaïque de Justinien, situé au plafond du presbytère de San Vitale à Ravenne, certains érudits pensent que Boèce est juste derrière l'épaule de l'empereur. Le nouveau régime a également fait circuler une histoire apocryphe selon laquelle Théodoric serait mort tourmenté par le regret de la mort de Boèce : lorsqu'on lui servit un grand poisson de mer sur un plateau, racontait-on, quelque chose dans le regard vitreux du poisson lui rappela qu'il avait ordonné de l'exécuter en 524 à Ticinium en Italie (actuelle Pavie) et il recula de terreur.

La restauration posthume de Boèce au sein de l'Église justinienne est pleine d'ironie. Certains passages de la *Consolation* vont jusqu'à remettre en question l'idée même de la prière. Si Fortuna[1] nous a tous attachés à sa roue, pourquoi prier ? « Il

1. *Fortuna* : déesse de la fortune et personnification de la chance dans la religion romaine.

est donc inutile d'espérer quoi que ce soit ou de prier pour échapper à quoi que ce soit. Que peut espérer un homme, ou prier pour échapper, lorsqu'un lien inflexible lie tout ce que l'on peut souhaiter ? » Une litanie obstinée de doutes coule comme une incantation tout au long de la *Consolation* et lui confère une force dramatique. L'image récurrente de la roue de la fortune exprime la désolation face à la futilité des efforts humains.

À partir de la Renaissance, des personnages comme Machiavel[1] allaient soutenir que la raison humaine pouvait plier Fortuna à sa volonté, mais ces idées consolatrices étaient étrangères à Boèce : « Si vous essayez d'empêcher sa roue de tourner, vous êtes des hommes obtus... Si Dieu veille, l'homme ne peut rien faire pour attirer son attention. »

Il perçoit ce qui est approprié pour chacun et applique ce qu'il sait être juste. Ainsi, la plus grande merveille du destin réside dans le fait qu'un Dieu sage agisse, tandis que les hommes, dans leur ignorance, contemplent ses actes.

Ce ne sont pas des pensées consolantes, plutôt des pensées résignées. Mais c'est manquer de pertinence que de se demander si Boèce a trouvé l'espoir dans le salut chrétien ou dans l'argumentation platonicienne. Ce qui l'a consolé, comme Marc Aurèle, c'est l'écriture, l'intense communion intérieure qui lui a permis de s'élever parfois au-dessus de la prison. « Les âmes humaines sont nécessairement plus libres lorsqu'elles poursuivent la contemplation de l'esprit de Dieu, moins libres lorsqu'elles descendent dans les corps, et moins libres encore lorsqu'elles sont emprisonnées dans la chair et le sang. »

Il a essayé de s'imaginer en train d'accepter la mort, « car souvent, quand il y a des raisons qui imposent la

1. Nicolas Machiavel (1469-1527), humaniste florentin de la Renaissance.

mort à une créature, la nature se détourne avec horreur, mais la volonté l'accepte ». Mais il était assez candide pour ajouter que son corps reculait toujours. Il avouait, de manière touchante, qu'il était comme Orphée essayant de quitter les enfers sans regarder en arrière, mais que, comme le joueur de lyre, il ne pouvait s'empêcher de jeter un coup d'œil sur la vie qu'il était sur le point de laisser derrière lui. Ce ne sont pas les pensées d'un homme en paix avec son destin.

L'historien britannique Edward Gibbon, qui achevait son *Histoire de la décadence et de la chute de l'Empire romain* dans les années 1760, passa du temps à Ravenne, se demandant si Boèce avait été consolé par ce qu'il avait écrit. La *Consolation*, conclut-il, était trop vague, trop ésotérique pour avoir consolé son auteur. Le sentiment d'infortune de Boèce a pu être « détourné par le travail de la pensée », mais il ne l'a pas écrit dans un état de calme philosophique. Au contraire, « il devait déjà posséder le calme valeureux qu'il affectait de rechercher ». En fin de compte, seuls « les ministres de la mort » qui l'ont tué ont mis fin à son angoisse. La *Consolation* était une performance, conclut Gibbon, qui avait gagné l'admiration des générations suivantes, mais qui n'aura probablement pas calmé son auteur.

Si l'écriture apportait une consolation à Boèce, c'était une consolation construite douloureusement, phrase par phrase, à partir de sa propre lutte. Dans cet exercice, il a acquis une certaine souveraineté sur son monde intérieur et sur sa capacité d'accepter sa prison. Nous pouvons le lire en train d'anticiper le moment funeste qui l'attend. Certaines personnes, disait-il, « ont peur de la souffrance » et découvrent, au contraire, qu'elles peuvent la supporter. D'autres sont pleines de mépris pour les souffrances, « qu'ils ne peuvent en fait pas supporter ». Il avait appris qu'il était de ceux-là. Il en était venu à comprendre que le destin amène les hommes à « se découvrir eux-mêmes à travers les épreuves ». Et qu'attendait-il, au-delà de ce sombre conseil d'endurance ? La postérité, espérait-il, se souviendrait de lui. Grâce aux actes anonymes et attentionnés des geôliers, des serviteurs, grâce à sa femme, à ses fils, peut-être même à Cassiodore[1], cet homme errant. Le manuscrit de Boèce fut retrouvé et caché aux Ostrogoths, afin qu'il puisse parvenir aux copistes et aux bibliothécaires de Constantinople et de Rome, et enfin à nous.

Dans la *Consolation,* Boèce, en attente de la mort, a réuni dans un acte suprême d'imagination quatre grandes traditions occidentales qui ont consolé les hommes de l'injustice et du malheur : les Grecs Platon et Aristote ; les Romains Cicéron et Sénèque ; les prophètes hébreux, les Psaumes et Job ; les pères chrétiens Paul et Augustin. L'œuvre est un monument à la mémoire héroïque d'un homme, mais aussi à sa foi en une certaine idée, à savoir que le raisonnement philosophique a le pouvoir de nous permettre de supporter la souffrance, l'injustice et la mort.

* * *

Son grand héritier, huit cents ans plus tard, fut le poète Dante[2]. Ayant intiment connu Boèce, ce dernier a passé les cinq dernières années de sa vie en exil à Ravenne, banni de sa Florence natale. Il a composé la troisième partie de la *Divine comédie,* le *Paradis,* au milieu des vestiges du monde de Boèce : la petite basilique en briques du ve siècle de Galla Placidia,

1. Cassiodore (485-580), homme politique et écrivain latin, fondateur du monastère de Vivarium.
2. Dante Alighieri (1265-1321), poète, écrivain, penseur et homme politique italien de la république de Florence.

avec ses voûtes de mosaïques, et les imposantes cathédrales de San Vitale et de Sant'Apollinare Nuovo. Ces monuments n'ont pu qu'inspirer la composition d'une vision extatique du Paradis, que Dante écrivit à l'apogée de sa créativité. Partout où il regardait, dans tous les lieux saints, les mosaïques étincelantes d'or, de vert et de bleu proclamaient un christianisme sans crucifixion, sans souffrance et sans désespoir, seulement la promesse du Paradis et l'intercession sereine des saints.

Nous savons, grâce au *Convivio* de Dante, un traité philosophique qu'il a écrit lors de son exil politique entre 1304 et 1307, qu'il s'identifiait fortement à Boèce. Il avait étudié ses œuvres, en particulier la *Consolation,* car c'est en réfléchissant à la création de Dame Philosophie que Dante, séduit depuis son enfance par Béatrice[1], avait voulu créer une œuvre similaire, organisée comme une recherche de l'illumination, passant de l'Enfer au Paradis *via* le Purgatoire, sous la conduite d'une femme. La Dame Philosophie de Boèce s'est ainsi réincarnée, sept siècles plus tard.

Dans son voyage paradisiaque avec Béatrice, Dante insiste constamment sur le fait que les mots lui manquent – ils ne peuvent pas transmettre ce qu'il voit dans son paradis. Il veut nous faire comprendre les limites du langage et la nécessité d'une foi qui aille au-delà de son expression. La formule de Dante *trapassar del segno* – « dépasser les limites » – renvoie peut-être aussi à l'échec de Boèce à trouver une consolation face à la mort. Seule une foi au-delà des mots, au-delà de la raison, écrit Dante, peut véritablement consoler les êtres humains.

1. Béatrice Portinari, dite Béatrice ou Béatrix, muse de Dante Alighieri, qu'il glorifie et aime.

C'est lui qui a proposé une image inoubliable du « dépassement des limites » en réinventant l'histoire d'Ulysse, qui persuade son équipage de naviguer au-delà des portes d'Hercule, dans l'océan noir, à la recherche de nouvelles terres, pour finalement sombrer. Ulysse paie pour son orgueil. N'est-ce pas pour Dante le moyen de se confronter à sa propre culpabilité, face à l'orgueil démesuré de son ambition poétique ? Comme Ulysse, il avait dépassé les limites prescrites à la raison humaine – et au langage – lorsqu'il avait osé imaginer le Paradis…

Quand Dante atteint le ciel en compagnie de Béatrice, il découvre Boèce, dans l'Empyrée[1], avec les plus sages penseurs de la tradition chrétienne : Thomas d'Aquin, Isidore de Séville, Albert le Grand, Pierre Lombard, Siger de Brabant, et d'autres. En plaçant Boèce parmi ces savants, Dante renoue avec la foi chrétienne et affirme que la consolation n'est possible que si la philosophie est au service de cette foi.

L'église du VIIe siècle où repose Boèce à Pavie porte un nom magnifique – San Pietro in Ciel d'Oro – bien que le plafond, jadis doré, se soit depuis longtemps écaillé et que l'église soit, de nos jours, vide et souvent fermée. Le tombeau de Boèce se trouve dans une crypte située sous l'autel, là où saint Augustin est exposé dans un magnifique catafalque de marbre. Lorsque l'on descend dans la crypte, sous le tombeau d'Augustin, comme Dante a dû le faire, on peut voir, dans la lumière crépusculaire, le cercueil de Boèce.

1. « Empyrée » fait référence à l'idée d'un royaume céleste de lumière éternelle et immatérielle.

Dans le *Paradisio*[1], Dante souhaite à Boèce une consolation que celui-ci, prisonnier, n'a peut-être jamais connue : « Le corps dont il a été chassé gît en bas, dans le Ciel d'Or – c'est là que la paix met fin à son exil et à son meurtre. »

1. Le *Paradis,* troisième partie de la *Divine Comédie* de Dante Alighieri. Les parties précédentes sont l'*Enfer* et le *Purgatoire.*

6.

La peinture du temps

L'enterrement du comte d'Orgaz

DANS L'ÉGLISE médiévale de Santo Tomé, située dans une rue étroite de Tolède, en Espagne, un tableau intitulé *L'enterrement du comte d'Orgaz* occupe toute l'alcôve à l'entrée d'une chapelle latérale. Le monde entier vient l'admirer.

Le comte d'Orgaz était un noble espagnol pieux du Moyen Âge, enterré en 1323 dans un tombeau situé en dessous du tableau. Deux cent soixante ans plus tard, dans les années 1580, le curé de Santo Tomé a demandé à un peintre local, connu sous le nom « Le Greco[1] », de représenter l'enterrement du comte et la légende qui s'était développée autour de lui. On raconte qu'au moment de l'inhumation du comte Orgaz, saint Augustin[2] était apparu et avait aidé les personnes en deuil à l'enterrer, signe de la gratitude divine pour les bienfaits

1. Domínikos Theotokópoulos, dit Le Greco, soit « le Grec » (1541-1614), peintre, sculpteur et architecte qui fut actif en Espagne.
2. Augustin d'Hippone ou saint Augustin, ou Aurelius Augustinus (354-430), philosophe et théologien chrétien romain originaire d'Afrique romaine, évêque d'Hippone.

du comte envers les frères augustins[1] de la ville et l'Église. L'apparition des saints – et le tableau qui commémore l'événement – a la force d'une injonction aux gentilshommes de la ville : « faites ce qu'il a fait, vivez comme il a vécu ».

Au premier plan du tableau, saint Augustin, vêtu d'habits d'or resplendissants et portant une mitre d'évêque, se penche pour déposer tendrement le corps d'Orgaz dans son tombeau. Le visage du comte a la pâleur des morts et son armure d'acier brille d'un éclat sombre à la lumière des bougies. Le prêtre de la paroisse qui a commandé le tableau supervise la scène. Juste derrière le saint se tiennent plus d'une douzaine de gentilshommes en habits noirs et cols de dentelle blanche : des avocats, des courtisans et des écrivains, les hommes les plus en vue des années 1580. Entre deux paires d'épaules se tient dans la foule l'artiste lui-même, un homme d'une quarantaine d'années, l'air angoissé, la mâchoire soulignée par une barbe brune bien taillée, les yeux noirs.

Un ange plane au-dessus du royaume de Tolède, s'approchant pour guider l'âme du comte vers le ciel. Une âme qui est une masse de vapeur tourbillonnante que l'ange soulève vers des nuages gris-bleu. Nous voyons d'autres esprits s'élever vers les cieux, les prophètes de la Bible, puis Marie, saint Jean, Jésus et ses disciples, ainsi qu'un intercesseur terrestre, Philippe II, alors roi d'Espagne. Tous attendent la bénédiction du comte d'Orgaz.

Ce magnifique tableau est aussi une représentation de l'époque, celle d'une foi inquiète, répandue parmi les notables et le clergé de Tolède, alors ville phare de l'Espagne catholique de la Contre-Réforme. Ce qui ressemble, à première vue, à un

1. L'ordre de Saint-Augustin, ordre mendiant de droit pontifical, qui se réfère à la règle de saint Augustin depuis sa fondation au XIIIe siècle.

enchevêtrement chaotique du passé, du présent et du futur est en fait une vision organisée du temps, dans laquelle le passé, le présent et le futur sont traités comme s'ils se produisaient tous en même temps. Le comte d'Orgaz porte une armure du XVIe siècle, et non les versions médiévales en vigueur à son époque. Saint Augustin, mort à la fin de l'Empire romain, est habillé comme un évêque cathare du XVIe siècle. La foule de Tolède rassemblée pour l'enterrement est représentée comme si elle eût été la contemporaine du peintre, bien que l'enterrement ait eu lieu plus de deux cents ans auparavant. Ces anachronismes ne sont pas là par hasard ou par erreur. Toutes les représentations, de l'Empire romain à nos jours, se juxtaposent dans un présent sans fin, comme si le peintre voulait dire au fidèle : si tu as suffisamment de foi, il peut exister un moment où le passé, le présent et l'avenir sont vécus comme simultanés. Le tableau souligne ce point, représentant les gentilshommes tolédans qui observent le miracle de l'apparition d'Augustin, de manière tout à fait détendue, comme s'ils assistaient à une messe ordinaire du dimanche matin et que la fuite du temps eût été la chose la plus naturelle au monde. L'image illustre la manière dont la foi rassemble les communautés dans l'acceptation du surnaturel, de l'intercession des saints et de la perspective du ciel. Auguste, le philosophe romain de Carthage, le comte médiéval de Tolède et la noblesse tolédane moderne partagent, tous, le même présent sous un ciel qui leur fait signe.

Ce tableau dépeint ce que les Tolédans pensaient devoir croire : qu'ils étaient unis en tant que frères chrétiens pour défendre une foi ébranlée ; que le chemin vers le Paradis passait par la charité envers les vivants ; que les saints intercéderaient en leur faveur et que les anges élèveraient leurs âmes au ciel ; enfin que les vivants, les morts et les enfants à naître étaient tous liés entre eux par la sollicitude de Dieu.

Pourtant, leur foi était mise à rude épreuve. Ceux qui croyaient le plus, ou qui devaient être vus comme croyant le plus, étaient « les convertis », les descendants de la foi juive, forcés d'abandonner leur religion à l'époque des persécutions juives sous Ferdinand et Isabelle, qui réunirent les royaumes de Castille et d'Aragon pour créer, en 1492, la monarchie espagnole. Les convertis devaient prouver la « pureté de leur sang » et se conformer aux doctrines de l'Église de l'Inquisition. Ils faisaient partie de la noblesse tolédane représentée sur le tableau, et ils étaient parmi ceux qui ont payé le tableau.

Vingt ans avant l'achèvement du tableau, le roi catholique avait déplacé sa capitale de Tolède à Madrid, et Tolède, centre de la foi et d'un empire, avait amorcé sa perte d'influence. Puis en 1586, deux ans seulement après l'inauguration du tableau, ce fut la défaite de l'Armada espagnole au large des côtes anglaises. 1588, année funeste, marqua le début du lent déclin de l'Empire espagnol. Mais les habitants de Tolède ne le savaient pas encore, figés dans l'instant extatique où saint Augustin intercédait pour le comte d'Orgaz, l'accompagnant avec douceur vers son dernier repos.

La peur est donc là, elle affleure au bord de la toile. Le tableau est aussi un exercice de réassurance collective. C'est une déclaration de foi : voici ce que nous partageons ici, à Tolède. Grâce à notre foi, nous croyons que rien du passé n'est perdu, que le présent reste enraciné, et que l'avenir nous offrira le Paradis.

Ce tableau fut très populaire à l'époque. Les gens, surtout ceux de Tolède, représentés comme des personnalités respectables, y reconnaissaient leurs amis, leurs voisins et des connaissances qu'ils croisaient dans les rues. Ils étaient aussi impressionnés par l'allégorie des âmes qui montaient au ciel et ils se demandaient si le Paradis était représenté de façon vraiment fidèle. Ils identifiaient aussi des personnages célèbres, comme Lazare ou comme le roi d'Espagne.

L'enterrement du comte d'Orgaz consolait une communauté, la rassurait, représentant en une seule image, tout le langage de la consolation christique, celui de Paul de Tarse (saint Paul) à Boèce, et celui de Boèce à Dante. Mais ici le Paradis est proche, juste au-dessus de la tête des Tolédans, et les saints sont là, au milieu de la foule. Ici, comme dans la basilique de Galla Placidia, et les églises de San Vitale et de Sant'Apollinare Nuovo à Ravenne, le message menaçant du christianisme rejoint l'iconographie de la Contre-Réforme espagnole, beaucoup plus sombre. Ici, le tableau représente les vivants, les morts et les enfants à naître, tous délivrés de la tyrannie du temps et de la douleur de la perte. Il parle d'un désir qui ne s'éteint pas. Ici le temps ne glisse pas dans l'oubli, le présent n'est pas si fugace, et l'avenir pas si obscur.

C'est pour cela que nous y trouvons de la consolation. Nous aimerions être ces nobles Tolédans en l'an de grâce 1588. Nous aimerions aussi ne pas savoir quels sont les problèmes qui nous attendent.

Et le peintre? Nous savons qu'il s'agit d'un travail commandé par le curé de la paroisse. Le contrat stipulait que le peintre devait se conformer aux règles établies par le Concile de Trente. Le Greco a pris la commande. C'était un émigré grec, un peintre d'icônes qui maîtrisait déjà le style byzantin, représenté mille ans plus tôt dans les mosaïques des églises de Ravenne. Il avait quitté sa Crète natale et s'était rendu à Venise pour étudier avec Tintoret[1], puis à Rome, où il avait vu la chapelle Sixtine et sa vision du Paradis. Il s'était fait

1. Jacopo Robusti, dit Tintoret (1518-1594), peintre vénitien de la Renaissance italienne.

des ennemis en disant qu'il n'était pas impressionné. Installé à Tolède avec sa famille, il a transformé une commande en une affirmation de sa foi, et aussi de son espoir en l'avenir, en peignant son fils dans le tableau.

Le garçon tient une torche, à côté de saint Augustin. Il a environ huit ans, est vêtu d'un col en dentelle et d'un pantalon court, et ses yeux fixent le peintre, comme si ce dernier voulait lui dire : « Toi, Jorge Manuel, mon fils, tu es mon avenir, tu hériteras de cette image de ce que je crois, tu la porteras et tu croiras comme moi, Domínikos Theotokópoulos, connu dans la ville sous le nom de "Le Greco", un peintre d'icônes originaire de l'île de Crète. Je me suis installé ici avec ces Tolédans depuis 1577 et je mourrai ici, vénéré comme le plus grand peintre de la ville. »

Le Greco a été oublié pendant des siècles, avant d'être redécouvert lorsque de nouvelles générations ont compris que les portraits allongés et nostalgiques de *L'Enterrement du comte d'Orgaz* n'étaient pas étranges ou peints avec incompétence, mais qu'ils constituaient l'une des représentations les plus fidèles de l'aspiration humaine à s'échapper, à être emportée au ciel et à jouir de la bénédiction de l'intemporalité.

7.

La sagesse du corps

Les derniers essais de Michel de Montaigne

DANS LES ANNÉES où Le Greco peignait *L'Enterrement du comte d'Orgaz* à Tolède, Michel de Montaigne rédigeait le troisième volume de ses *Essais,* dans son château près de Bordeaux. À sept cent cinquante kilomètres de là, dans sa tour solitaire, Montaigne donne à la consolation une forme bien différente. Lorsqu'il passe en revue ce qui le console, il ne mentionne pas les saints, le salut ou le Paradis. Il cherche la consolation dans un processus tantôt amusé, tantôt angoissé de réconciliation intérieure avec son âge, son époque et le cours de sa vie. Dans ses écrits, la consolation quitte le domaine de la foi et retrouve la forme qu'elle avait prise chez Cicéron, Sénèque, Virgile[1] et Platon. Il a écarté les consolations de la philosophie et a trouvé le réconfort dans les plaisirs, les rythmes et la résilience du corps humain. Ce faisant, il a déplacé la consolation vers le sentiment que la vie valait la peine d'être vécue, simplement.

1. Virgile, dit « le Cygne de Mantoue » (70-19 av. J.-C.), poète latin de la fin de la République romaine et du début du règne de l'empereur Auguste.

Cette défense passionnée de la vie et de ses plaisirs corporels s'est produite au moment où Montaigne était confronté au déclin de son corps et à la vieillesse. Il avait cinquante-six ans, il était encore vigoureux, il était encore heureux en parcourant la campagne sur son cheval, mais il luttait aussi contre des calculs rénaux et il pensait en mourir.

Un homme de son rang, un noble vieillissant, aurait pu se consoler en se réjouissant de son domaine, de ses jardins, de ses vignes et de ses maisons. Le père de Montaigne avait été ce genre de gentilhomme, mais le fils avait conclu, avec regret, que ces joies n'étaient pas pour lui. Ce n'est pas qu'il eût été indifférent aux attraits du château, qui avait été son lieu de naissance. Mais les arts rustiques que les gentilshommes étaient encouragés à pratiquer depuis l'époque de Virgile ne lui plaisaient guère. Contrairement à ses voisins, il n'était pas à l'aise avec l'intendant de son domaine. Il soupçonnait ses serviteurs de le voler, mais ne pouvait se résoudre à entreprendre contre eux quoi que ce soit. Il ne connaissait pas grand-chose aux vignes, aux cultures, et n'avait pas le sens pratique de son père.

C'était un Gascon, profondément attaché à son dialecte, à ses traditions de franc-parler et à ses institutions locales, mais ses réflexions ne témoignaient pas du plaisir de s'identifier à un lieu ou de s'y ancrer. Pour un homme installé dans la maison de ses ancêtres, ses racines ne semblent pas vraiment compter. Au lieu de se consoler en pensant qu'il pourrait au moins mourir chez lui, en compagnie de ses serviteurs et de sa famille, il se demande s'il ne vaudrait pas mieux mourir sur la route, seul. Même dans une sombre auberge de campagne, imaginait-il, on peut toujours trouver un serviteur que l'on puisse payer pour se faire masser les pieds.

Nombreux sont ceux qui, en vieillissant, trouvent dans le mariage et la famille une source de réconfort. Montaigne, marié pendant vingt-cinq ans à Françoise de La Chassaigne, n'évoque pourtant presque jamais cette femme qui partageait son toit et possédait sa propre chambre. À propos du mariage, il écrivait avec ironie : « Le résultat est ce que l'on observe dans les cages : les oiseaux du dehors désespèrent d'y entrer, et ceux du dedans sont tout aussi impatients d'en sortir. » Quant à sa fille Léonore, il entretenait avec elle une relation distante, souhaitant simplement qu'elle trouve un mari pour s'en décharger.

L'idée de trouver un réconfort dans les petits-enfants ne le séduisait guère davantage : « Je n'ai jamais pensé qu'être sans enfants était un manque susceptible de rendre la vie moins complète ou moins satisfaisante. »

Un homme d'une cinquantaine d'années aurait pu se souvenir avec satisfaction des fonctions qu'il avait occupées, des rôles publics qu'il avait joués, des services qu'il avait rendus à sa ville ou à sa région. Montaigne avait été maire de Bordeaux à deux reprises ; des voix malveillantes murmuraient qu'il n'avait pas accompli grand-chose, et il admettait qu'elles avaient peut-être raison. Mais, de ne pas laisser de traces signifiait, au moins, que l'on n'avait pas fait de mal...

Avocat dans des tribunaux provinciaux, il n'en était ressorti qu'avec le sentiment que la loi pouvait être idiote et cruelle. Il était allé jusqu'à conseiller le roi catholique de France, Charles XI, et avait fait partie des délégations qui rendaient visite à son rival protestant Henri de Navarre. Pourtant, malgré tous ses efforts d'intermédiaire, les guerres de religion, qui avaient commencé alors qu'il avait à peine trente ans, semblaient désormais assurées de se poursuivre longtemps après sa disparition. Ses lectures des classiques romains et les avertissements de son père l'avaient toujours persuadé que la vie publique était la véritable vocation d'un gentilhomme. Que valait sa vie publique ? se demandait-il à présent.

Montaigne était d'humeur mélancolique. Il passait le plus clair de son temps dans la tour, où se trouvaient sa chambre à coucher et sa bibliothèque. Cette bibliothèque circulaire était sa salle du trône ; de là où il était assis, il pouvait voir le portrait d'une Vénus nubile, les inscriptions latines gravées dans les poutres (« Rien d'humain ne m'est étranger » – Terence), une fenêtre qui donnait sur la cour de l'écurie, les jardins et les champs au-delà. Tout cela était familier, mais peu réconfortant.

Il avait vécu dans une sorte d'« âge du fer » pendant trente années passées au milieu d'une guerre civile qui n'avait pas ébranlé sa foi, mais qui lui avait fait détester les fanatiques religieux et leur conviction que de simples idées, de simples doctrines pouvaient autoriser le meurtre et le pillage. Pour un homme dont les biens les plus précieux se trouvaient sur les rayons de sa bibliothèque, les guerres avaient ébranlé le fondement de sa vie d'érudit : la foi dans les idées. Les destructions dans les villages voisins, la haine qui s'emparait de collègues, autrefois amis, l'amenaient à se demander à quoi servaient les idées, les généralisations, les abstractions si au bout du compte des frères et des sœurs s'épuisaient dans des luttes meurtrières.

Son château était une demeure catholique au milieu d'une région protestante, et il était devenu de plus en plus périlleux d'entretenir de bonnes relations avec les nobles du voisinage. L'un d'eux avait envahi sa cour avec une troupe d'hommes, et il lui avait fallu du charme et de la ruse pour les persuader de quitter les lieux. Un peu plus tard, alors qu'il était à cheval, des bandits de grand chemin masqués l'avaient attaqué et enfermé, pendant des heures, dans une forteresse, tout en mettant à sac ses sacoches et sa caisse. Montaigne les persuada d'épargner sa vie en les assurant de ses bonnes relations avec les chefs de guerre protestants locaux.

Il avait vécu vingt ans d'anarchie : brigands sur les routes, massacres, troupes pillant et violant dans les villages voisins. Si sa maison s'en était sortie indemne, c'était par le plus grand des hasards. Bordeaux avait été pris par un camp, puis par l'autre. S'il avait appris à regarder les calamités de son époque comme on regarde une tragédie au théâtre, il avait aussi connu la vraie terreur. « Je me suis couché mille fois dans ma propre maison, imaginant que quelqu'un me trahirait et me massacrerait cette nuit… » En 1586, contraint de quitter sa maison avec sa famille et ses serviteurs, il dut partir sur les routes pendant six mois pour échapper à la peste. Sa famille et lui avaient vécu de la charité incertaine d'amis et de voisins, avant d'être à nouveau poussés sur les routes, pour « changer de demeure » dès que l'un des siens « commençait à avoir mal au bout du doigt », se souvient-il avec amertume. Pourquoi ? Parce que « toutes les maladies passent pour de la peste ».

Il observait des gens infectés par la maladie qui se préparaient à la mort, délaissant leurs vignes. Il était impressionné par leur détermination, par la façon dont « chaque homme avait renoncé à se soucier de sa propre vie ». Regardant ces paysans mourir, Montaigne se dit que Sénèque avait eu tort de « méditer sur l'exil, les tortures, les guerres, les maladies, afin de n'être novice dans aucun malheur ». Il pensait : « Nous sommes tous novices, en matière de malheur. » Cicéron avait également eu tort de croire que « toute la vie d'un philosophe est une méditation sur la mort ». La mort est la fin de la vie, mais pas son but. Les gens du peuple le comprennent mieux que les philosophes. Dans une phrase empreinte de sagesse, il affirmait : « La vie doit être à la fois un but et une fin en soi ; vivre véritablement consiste à apprendre à se maîtriser, à se conduire et à s'accepter. »

Au milieu de cette épidémie de peste, il découvrait qu'il y avait une consolation à vivre, à créer, à façonner sa vie, à en comprendre le sens, et à parier que quelqu'un, dans l'avenir, trouverait du réconfort dans ce qu'il avait appris. Il avait déjà publié deux éditions des *Essais,* mais ce n'est qu'avec le troisième volume, composé entre 1585 et 1588, qu'il comprit qu'il devait faire de lui-même – de ses humeurs, de ses fantaisies, de ses souvenirs, de ses apprentissages mémorisés – le sujet du livre. Les *Essais* étaient des incursions dans les profondeurs de son cœur, pour le simple plaisir. Il commençait à penser que son propre cœur pouvait mettre à nu toute l'âme humaine. « Chaque homme, écrit-il, porte la forme entière de la propriété d'un homme. » S'il écrivait sur lui seul, il pourrait « saisir une ou deux vérités sur l'ensemble de la condition humaine ».

Il était cependant trop honnête pour ne pas comprendre qu'il devait lutter contre ses propres illusions. Il y avait de la bravade et peut-être un peu d'auto-illusion quand il se disait : « Si je devais revivre, je vivrais comme j'ai vécu. Je n'ai ni larmes pour le passé, ni craintes pour l'avenir. » En fait, il pleurait beaucoup sur le passé, et il ressentait souvent une sorte de dégoût pour ses propres écrits : « je m'abandonne au désespoir, je me laisse glisser vers le précipice et, comme on dit, je jette le manche après la hache ». Il pensait que c'était le symptôme d'une époque déréglée. « La désolation de cet état coïncide avec la désolation de mon âge. Les hommes ne s'engagent sur le papier que pour exprimer leurs opinions fanatiques ou pour se persuader qu'ils sont des spectateurs innocents. » Il se remontait le moral du mieux qu'il pouvait.

Il observait comment de petites choses pouvaient submerger son détachement précaire : « Mon âme atteint facilement le détachement à distance, mais [...] une rêne mal fixée sur mes chevaux, un étrier qui claque contre ma jambe, me maintiendront de mauvaise humeur toute une journée. » Il était parfaitement conscient que sa bonne humeur n'était qu'un artifice destiné à éloigner les idées noires, et que la consolation pouvait donc s'éloigner de la vérité. Par son honnêteté sur cette question, il a fait plus qu'exposer ses propres contradictions. Il a changé la façon dont tous ceux qui l'ont lu ont pensé ou vécu les paradoxes de leur existence.

Dans « De la diversion », le troisième volume de ses *Essais,* il se demande si consoler quelqu'un n'était pas seulement le distraire. Il se souvient qu'il avait un jour essayé de consoler une noble dame en deuil. Il comprenait que tout effort de consolation était, au fond, une tromperie, une tentative de « dissimuler le problème ». Bien qu'il eût été l'un des hommes les plus érudits de son temps, avec une bibliothèque contenant toute la littérature classique sur la consolation, il décida, face au chagrin de cette noble femme, de renoncer aux consolations de la philosophie. Il fallait autre chose, quelque chose de plus intime, de plus tactile, de moins verbeux.

Montaigne se contenta de parler à la noble éplorée, la détournant du chemin du chagrin vers des sujets sans importance, lui enlevant furtivement les pensées douloureuses et la gardant de bonne humeur tant qu'ils étaient ensemble. C'était de la consolation, pensa-t-il, mais reconnut que c'était également inutile, car ceux qui prirent sa place après son départ constatèrent qu'elle avait de nouveau sombré dans un profond chagrin. Comme il l'a admis, « je n'avais pas mis la hache à la racine ». Il en conclut que « nous faisons rarement rencontrer l'âme avec les problèmes ». Peu d'entre nous pourront jamais approcher le calme d'un Socrate qui, face à la mort, ne cherchait « aucune consolation en dehors de la chose elle-même ». La plupart d'entre nous, pensait-il, « n'ont qu'une capacité limitée à affronter la réalité ». Nous fuyons le présent, portés par l'illusion d'une gloire future ou, mieux encore, d'une vengeance contre nos ennemis : l'espoir d'une vie meilleure nous retient et nous soutient, qu'il s'agisse de la réussite de nos enfants, de la postérité de notre nom, de l'effacement des souffrances de cette vie, ou de la justice promise à ceux qui causent notre perte. Se consoler, c'est se détourner et finalement oublier. Le temps, écrivait-il, est le « souverain physicien de nos passions ». Son ami bien-aimé Étienne de la Boétie, noble, poète et polémiste, était mort vingt-cinq ans auparavant, dans une souffrance qui avait duré dix jours et à laquelle Montaigne avait assisté, ému et horrifié. Levant les yeux de son bureau, il se souvient encore d'Étienne, mais l'amitié et les souvenirs de sa jeunesse s'estompaient. Même l'amour, conclut-il, est impuissant face à la mort et au temps. S'il pensait que la peur de la mort pouvait être apaisée par la philosophie, il ne savait que trop bien que les nobles réflexions perdent tout pouvoir de consolation lorsque le corps subit l'emprise réelle de la mort.

Il le savait, puisque ses calculs rénaux provoquaient une douleur si intense qu'elle lui faisait désirer mourir. « Je voyais la mort avec nonchalance quand je la considérais dans sa généralité, comme la fin de la vie. Je la domine dans la masse ; dans le détail, elle me harcèle. » Il parvenait à se réconcilier avec l'idée abstraite de la mort, mais perdait cette sérénité dès qu'il imaginait sa propre fin : les larmes de ses serviteurs, le dernier contact d'une main, ou encore la distribution de ses vieux vêtements. Ce n'est pas tant la mort elle-même qui le rendait « inconsolable ». Montaigne dénonçait également la fausse consolation qui consiste à se rassurer en pensant aux louanges qu'on recevra *post-mortem* : « Je renonce aux témoignages favorables qu'on voudra bien me donner, non parce que je les mériterai, mais parce que je serai mort. »

Notre mort, disait-il, n'appartient qu'à nous. Il insistait sur le fait que personne ne pouvait véritablement partager cette expérience. L'empathie humaine, aussi sincère soit-elle, a des limites : « Quelle que soit la sagesse d'un homme, il ne peut jamais saisir, par son seul jugement, la cause de la douleur d'un autre dans toute son intensité. » Si l'empathie est limitée, la solidarité humaine l'est aussi. Étienne de la Boétie, sur son lit de mort, avait gaspillé ses dernières heures à consoler sa femme éplorée, et ses amis. Montaigne écrit : « J'ai assez à faire pour me consoler sans avoir à consoler les autres. » Mourir « n'est pas un rôle pour la société ; c'est un acte pour un seul personnage ».

Dans sa jeunesse, il croyait que son âme, guidée par les enseignements de la philosophie, était aux commandes. Avec l'âge, les calculs rénaux et la fatigue lui firent admettre : « c'est désormais le corps qui guide mon esprit ». Dans sa tour, entouré de ses livres, il confesse qu'il n'a pas été capable de lire une heure d'affilée depuis vingt ans. Ses rêveries sexuelles refont surface – les murs de son bureau étaient tapissés d'images que certains jugeaient choquantes – et il en vint à penser que les plaisirs du corps lui avaient apporté plus de joie, et un meilleur remède contre la peur de la mort que tout ce qu'il avait jamais lu.

Le temps qu'il passait dans sa tour fut hanté par les souvenirs de sa jeunesse lascive, et par les souvenirs plus récents d'une noble femme d'une vingtaine d'années, Marie de Gournay, qui s'était liée d'amitié avec lui lors de sa dernière visite à Paris. Elle le considérait comme son second père et elle avait fait le serment de se consacrer à ses *Essais* et à sa mémoire. Bien qu'il ne l'eût jamais revue, elle tint parole et publia la première édition posthume en 1595.

C'était une erreur philosophique que de « déchirer un homme vivant », voire de prétendre que la raison pouvait consoler un homme des affres de la douleur, ou le détourner des plaisirs de la chair. Il était assailli par les souvenirs de Marie de Gournay. Il était « en manque », remarquant à propos des personnes âgées comme lui : « nous exigeons plus alors que nous apportons moins ». Mais il savait qu'il devait s'effacer et laisser d'autres, plus jeunes et plus virils, prendre sa place. Il voulait de l'amour, mais il reculait, craignant qu'une jeune femme puisse avoir pitié de lui. Il préférait « ne pas vivre du tout plutôt que de vivre d'aumônes ».

* * *

Dans son dernier essai, « De l'expérience », Montaigne réfléchit désormais à ce que la vie lui a appris. À ses différents thèmes favoris – une méfiance croissante à l'égard du savoir livresque et de la philosophie, une affection de plus en plus franche pour la nature et le corps, une conscience chaleureuse de l'ignorance humaine, en particulier la sienne –, il ajoute les habitudes et le fait de faire les choses à sa manière, en soulignant le réconfort que les routines et les pratiques quotidiennes peuvent apporter, à condition qu'elles nous soient adaptées. Ces routines deviennent les repères rassurants de sa vie : « Je ne peux, sans effort, dormir pendant la journée, manger en dehors des repas, ou me coucher sans attendre au moins trois heures après le dîner… Je ne supporte pas ma sueur, je ne peux étancher ma soif ni avec de l'eau pure, ni avec du vin pur, et je ne reste jamais longtemps tête nue. Je ne me fais jamais couper les cheveux après le dîner, et je me sens aussi mal à l'aise sans mes gants que sans ma chemise. Il m'est également indispensable de me laver après un repas ou au lever, et je ne peux dormir sans baldaquin ni rideaux autour de mon lit. Toutes ces habitudes me sont essentielles et nécessaires. » C'est une célébration de la simplicité, des routines et des plaisirs quotidiens du corps. Bien que ses livres lui rappellent que ces plaisirs sont éphémères, il ne suit plus cet enseignement classique.

Dans cet essai, il recense ses repas préférés et la façon dont il aime que l'on fasse son lit. Il éprouvait du plaisir à gratter ses démangeaisons ; à aller à la selle, ajoutant avec insolence : « Les rois et les philosophes défèquent tous, et les dames aussi. » Par une étrange logique, penser à ces humbles fonctions le renvoya soudain à Étienne de la Boétie, qui s'était exclamé, au cours de sa maladie mortelle : « Est-ce une si grande chose que d'être en vie ? » Ce à quoi Montaigne avait répondu que c'était une grande chose d'être en vie, mais à condition de tout accepter : le plaisir, la douleur, les excréments, les misères et les joies de l'humble corps humain. « Nous devons apprendre à supporter ce que nous ne pouvons pas éviter. » Lorsqu'il souffrait d'un calcul rénal, il transpirait, se tordait, pissait des urines noires, endurait d'étranges convulsions, mais il prenait plaisir à ce que ses amis le félicitent pour son stoïque sang-froid : « On ne meurt pas d'être malade, on meurt d'être vivant, et la maladie vous apprend, quand le corps cesse de faire mal, à aimer d'autant plus la vie. »

À une époque où les deux camps des guerres de religion – catholiques et protestants[1] – condamnaient les plaisirs du corps, Montaigne, lui, choisissait de défendre la « poursuite du

1. Les guerres de religion se sont succédé de 1562 à 1598.

plaisir ». Avec ironie, il observait : « Le monde fait le contraire et pense que rien n'est bénéfique s'il n'est pas douloureux. » Pour se réconcilier avec la vie, écrivait-il, il faut rechercher le plaisir et la simplicité. Il menait ainsi un combat non seulement contre les fanatiques, mais aussi contre la culpabilité et l'austérité : « Nous sommes de grands imbéciles. Vivre n'est pas seulement la plus essentielle, mais aussi la plus noble de nos occupations. »

Pour Montaigne, la « plus barbare de nos maladies » était de mépriser notre propre existence. Nous avons gâché nos vies à écouter des moralistes austères et en nous prenant trop au sérieux, « la philosophie est bien puérile lorsqu'elle se dresse sur ses pattes de derrière et nous prêche [...] que le plaisir sensuel est une chose brutale indigne d'être appréciée par l'homme sage ; que le seul plaisir qu'il tire de la jouissance d'une belle jeune femme est le plaisir de la conscience qu'il a de faire ce qu'il faut ».

La conscience d'être en vie, concluait-il, réside dans le corps, dans la cascade, seconde après seconde, des sensations, des sentiments, des besoins, des plaisirs, des douleurs. Si nous ne perdons jamais ce sentiment, nous n'aurons pas besoin de consolation. Nous ne devrions pas vivre en essayant de nous tenir sur des échasses : « Les plus belles vies, à mon avis, sont celles qui se conforment au modèle humain commun, avec ordre, mais sans miracle et sans excentricité. Aujourd'hui, la vieillesse doit être traitée avec un peu plus de tendresse. Recommandons-la à ce dieu protecteur de la santé et de la sagesse, mais que ce soit une sagesse gaie et sociable. » Ces derniers mots, « une sagesse gaie et sociable » de son dernier essai en disent long. Ils indiquent la voie d'une consolation qui accorde toute son attention aux exigences de la vie ordinaire des gens qui nous entourent.

À la fin de sa vie, Montaigne avait perdu la foi, dégoûté par la violence et la cruauté des fanatiques religieux des deux camps. Il s'en remettait à ses attachements les plus profonds de la vie, c'est-à-dire à son amour de la vie, et c'est la leçon qu'il enseigne, encore aujourd'hui, à tous ceux qui le lisent.

8.

La lettre non envoyée

Ma propre vie de David Hume

En 1734, un Écossais de vingt-trois ans, seul et désespéré, en chemin vers Bristol, s'arrête à Londres. Là, il écrit une lettre à un spécialiste des troubles nerveux, afin d'obtenir un rendez-vous. Il lui raconte qu'il a été frappé à dix-neuf ans par une dépression et que celle-ci est encore si grave qu'il a renoncé à vivre dans la campagne écossaise avec sa mère veuve, à faire du droit, et a étudié la philosophie. Il s'en va travailler chez un marchand de Bristol, où il espère, avec une bravoure touchante, « ballotter le monde d'un pôle à l'autre jusqu'à ce [qu'il] laisse cette maladie derrière [lui] ». À l'âge de dix-huit ans, avoue-t-il, son esprit a été submergé par de soudaines et « nouvelles scènes de pensée », un flot d'idées qu'il a embrassées « avec une ardeur naturelle aux jeunes hommes ». Son intuition que les auteurs classiques – Cicéron, Sénèque, Plutarque – n'avaient pas compris ce qu'était vraiment la nature humaine l'avait enthousiasmé. Il fallait une nouvelle science de l'homme, inspirée des réalisations d'Isaac Newton dans le domaine des sciences naturelles. Il s'était lancé ce défi, mais, emporté par l'excitation intellectuelle, il écrit au médecin : « toute mon ardeur sembla s'éteindre en un instant et je ne pus plus élever mon esprit à ce niveau qui m'avait procuré auparavant un plaisir si excessif ».

Le doute se transforma en désespoir et le désespoir en dépression. Il avait pourtant combattu cette maladie invalidante du mieux qu'il avait pu. Chaque jour, il se promenait seul dans la campagne autour de la propriété familiale de Ninewells[1], espérant qu'une marche alerte le débarrasserait de sa dépression ; il continuait d'être un fils et un frère dévoué, mais il ne pouvait pas reprendre son travail intellectuel. Lire, lorsqu'il y parvenait, ne faisait qu'empirer les choses. Il était obsédé par des pensées sur « la mort, la pauvreté, la honte, la douleur et toutes les autres calamités de la vie ». Son esprit s'agitait comme un bras qui s'élance et manque son but ou comme l'esprit de ces mystiques religieux qui redoutent d'être abandonnés par Dieu. Trop étudier la philosophie allait le rendre fou, à moins qu'il ne choisisse la voie des « affaires et des distractions ». Ainsi conclut-il sa lettre au médecin.

Nous ne possédons que la lettre – non signée et non datée – et rien ne prouve qu'elle ait été envoyée. Ce que nous savons, c'est que David Hume l'a conservée jusqu'à la fin de sa vie.

On sait aussi qu'il resta quelques mois à Bristol, où il fit son apprentissage de commis auprès d'un marchand d'esclaves et de sucre. Apparemment renvoyé pour avoir corrigé une lettre commerciale de son maître, il partit, mécontent et malheureux, mais convaincu cette fois que la philosophie était son destin. Avec un maigre pécule que lui allouait sa famille pour subvenir à ses besoins, il s'installa en France, où il choisit de vivre modestement à La Flèche, dans la vallée de la Loire. Il occupait, près d'un séminaire jésuite qui avait autrefois

1. Ninewells est un quartier de la ville de Dundee, au nord-est de l'Écosse.

accueilli Descartes comme élève, une pièce tranquille avec vue sur des jardins et une rivière. Le jeune homme s'y promènera, pendant quatre années, entre 1734 et 1738, et il écrira le livre que, dans son angoisse, il pensait ne jamais pouvoir écrire, le *Traité de la nature humaine.* Il avait vingt-sept ans quand il termina son ouvrage.

Le scepticisme radical qu'il applique aux croyances établies est à couper le souffle. Il remet en question la nature même de la causalité, prétextant qu'il ne s'agissait pas d'une relation réelle entre les choses, mais d'une croyance conventionnelle induite par l'observation d'une union entre la cause et l'effet. Après avoir repensé la causalité[1], il s'est ensuite demandé ce qu'était son « moi », et en quoi consistait son « identité personnelle ». Il lui était impossible d'en avoir une idée claire. Quand je dors, dit-il, mon « moi » disparaît, et quand je suis mort, conclut-il, je ne suis rien, une « parfaite non-entité ». Il en conclut que les piliers sur lesquels reposait la raison occidentale – la causalité, l'identité, l'âme – n'étaient que des fictions.

Il ne s'agissait pas d'un exercice olympien de scepticisme rationnel, mais d'un processus angoissé d'observation de soi. Penser à tout cela, écrivait-il, c'était comme monter au bord d'un bateau qui prenait l'eau et, battu par les intempéries, manquait de sombrer sur le Globe. Il était constamment désespéré par les limites de ses propres facultés, mais il luttait seul, se sentant, comme il le disait, « un étrange monstre grossier », enfermé dans son cerveau, incapable de rejoindre la race humaine. Il s'inquiétait de s'attirer l'inimitié de « tous les métaphysiciens, logiciens, mathématiciens et même théologiens ». Le détesteraient-ils pour avoir remis en cause leurs doctrines ?

1. La causalité signifie que nous serions tous la cause de quelque chose, c'est-à-dire qu'il n'y aurait pas de hasard. Hume pense au contraire que nous serions nés du hasard.

Pire encore, pouvait-il être sûr « qu'en abandonnant toutes les opinions établies, je suivais la vérité » ? Pour lui, la raison n'était pas le maître des passions, comme le pensaient les philosophes stoïciens, mais plutôt leur esclave. Comment pourrait-on faire confiance à des raisonnements issus d'expériences abstraites, mentales, si en réalité nos pensées n'étaient qu'un mélange confus de désirs, de fantasmes et d'imagination ?

Il avait parié sur sa propre raison et cela l'avait conduit au bord du gouffre. Il avait découvert qu'il y avait des questions auxquelles il ne pouvait donner aucune réponse : « Où suis-je, qui suis-je ? De quelles causes est-ce que je tire mon existence, et à quel état vais-je retourner ? » Ces énigmes métaphysiques classiques l'avaient tourmenté. Essayer d'y répondre l'avait conduit dans « l'état le plus déplorable que l'on puisse imaginer, envahi par les ténèbres les plus profondes ». Il n'y avait pas de voie philosophique pour sortir de ce labyrinthe. La raison était incapable de dissiper ces nuages ou de guérir « cette mélancolie et ce délire philosophique ».

Dans des termes rappelant l'essai de Michel de Montaigne « De la diversion » – un texte que Hume avait lu —, le jeune philosophe parvenait à une conclusion semblable : la philosophie ne console pas, mais la compagnie des autres, oui. Il écrivit : « Je dîne, je joue au backgammon, je discute et je m'amuse avec mes amis. Puis, après trois ou quatre heures de divertissement, je retourne à mes réflexions. Elles me semblent alors si froides, rigides et absurdes que je n'ai plus aucune envie de m'y replonger. »

En cherchant de la compagnie pour se distraire, Hume reconnaissait à quel point il avait besoin des autres pour échapper au labyrinthe de son esprit, et à quel point sa raison contribuait peu à sa consolation, de quelque nature que ce fût. Nous avons besoin de la société humaine pour nous échapper, pour nous voir comme les autres, pour comparer notre lucidité avec la leur, pour partager des sentiments communs. Ce qui console, conclut Hume, c'est la vie sociale : ses jeux, ses rituels, ses honneurs et ses récompenses. Après cinq ans de maladie et quatre ans de solitude, c'est le constat qu'il avait eu. Comme Montaigne, il en conclut que les philosophes classiques, tels que Cicéron ou Marc Aurèle, commettaient une erreur en méprisant la « vanité des désirs humains » et en conseillant l'indifférence à l'égard du confort et des distractions ordinaires. La seule manière de faire face à la vie était de la traverser avec ses semblables, en marchant à leurs côtés.

Pourquoi dès lors, se demandait-il, faire de la philosophie ? Parfois, Hume avait envie de jeter tous ses livres et ses papiers au feu. Puis il allait se promener au bord de la rivière, et peu à peu ses ambitions incorrigibles, celles qu'il avait énoncées dans sa lettre au médecin anonyme, revenaient : contribuer « à l'instruction de l'humanité et acquérir un nom par [s]es inventions et [s]es découvertes ». La philosophie devait faire la paix avec les rituels de la vie sociale et comprendre leur confort. Elle devait devenir un discours civique, un guide séculier pour les personnes perplexes, et elle ne présentait aucun danger, puisque, écrivait-il d'un ton narquois, « les erreurs de la religion sont dangereuses ; celles de la philosophie ne sont que ridicules ». La philosophie pouvait devenir un guide utile contre l'erreur et un ennemi de la superstition, à condition qu'elle soit humble et sceptique quant à ses propres prétentions. Elle devrait éviter d'utiliser les expressions « c'est évident, c'est certain, c'est indéniable ». Dans les derniers mots de son traité, Hume admettait qu'il avait trop aimé ces expressions, mais il savait maintenant quel prix il avait payé en essayant de répondre seul à des questions restées pour lui sans réponse. Il savait, dorénavant, que sa philosophie chanterait les louanges des humbles consolations de la vie sociale.

Ce point de vue sur la consolation allait se traduire, dans ses travaux ultérieurs, par un profond scepticisme à l'égard de l'idée, propagée dans toutes les chaires d'Angleterre, que l'ordre social ne pouvait tenir que si l'Église prêchait la résignation aux pauvres et aux exclus. La nouvelle « science de l'homme » qui allait prendre forme dans les *Essais* de Hume, dans la *Théorie des sentiments moraux* d'Adam Smith[1] et dans l'*Essai sur l'histoire de la société civile* d'Adam Ferguson[2] s'opposait à l'idée que l'ordre dépende de la peur d'une punition de Dieu, ou de l'espoir en ses récompenses éternelles. Dans ces textes, fondateurs de la théorie économique classique, l'ordre social est maintenu par la recherche de la satisfaction des besoins de chaque individu, et par la coopération avec les autres, dans la division du travail. C'est à Hume, Smith et Ferguson, ces philosophes du XVIIIe siècle, ces pionniers de la nouvelle discipline de l'« économie politique », que nous devons le premier compte rendu détaillé du fonctionnement d'une société de marché. Une société laïque, maintenue non par une foi commune, mais par la « main invisible » de la coopération sociale et de l'échange économique. David Hume n'a jamais oublié ce qu'il lui en avait coûté de se libérer de la foi religieuse et de l'indifférence stoïque à l'égard des choses matérielles. Il n'a jamais oublié ce que c'était que d'être impécunieux et seul. La misère de la maladie mentale lui avait appris qu'on ne pouvait pas se réconcilier avec la vie par la pensée. La confiance qu'il avait acquise dans son travail sur la « science

1. Adam Smith (1723-1790), philosophe et économiste écossais, une des principales figures des Lumières écossaises.
2. Adam Ferguson ou Ferguson de Raith (1723-1816), philosophe et historien des Lumières écossais.

de la nature humaine » le rendait de plus en plus hostile à la religion. Son cercle d'amis, qui comprenait Adam Smith, était aussi sceptique que lui. Malgré son détachement débonnaire soigneusement construit, Hume était féroce au sujet de la foi, qu'il voyait comme une fausse consolatrice. Il affirme dans *Histoire naturelle de la religion,* publié en 1757, que c'est une fausse consolation que de penser que la prière, la foi et la philosophie donneront des réponses sur le but de la vie. Hume est le grand responsable de l'abandon, par la philosophie, de la métaphysique et de la théodicée, lesquelles ont tenté de donner un sens au monde en tant qu'ordre créé par Dieu, ou même en tant qu'ordre tout court. Le rôle de la philosophie, pensait Hume, devrait être proportionné au pouvoir très limité de la raison humaine et devrait s'en tenir à l'épistémologie, à la causalité, à la signification des concepts et à notre compréhension du monde extérieur. Elle devrait abandonner complètement la consolation. Dans les *Dialogues sur la religion naturelle,* qu'il a rédigés en 1759, il affirme que, puisque l'homme a inventé Dieu pour expliquer et pour supporter l'injustice et la dureté de la vie, il n'y a pas de consolation dans ces illusions. Il vaut mieux profiter de la vie que de gaspiller ses efforts à essayer d'expliquer pourquoi elle est telle qu'elle est. Il ne voyait pas non plus de réconfort dans la nature. Les théologiens qui ont publié des libelles dénonçant ses opinions ont tous insisté, du haut de leur chaire, sur le fait que Dieu se révélait dans la beauté et dans l'ordre de la nature. Hume admet que la nature puisse avoir un dessein, mais il pense que ce dessein n'a rien à voir avec les intentions de l'homme. Dans la sauvagerie de la compétition naturelle, Hume ne voyait aucune intention divine à l'œuvre, seulement le déploiement implacable de la force vitale elle-même. Dans un passage qu'il ajouta aux *Dialogues* à la fin de sa vie, il dépeint une « nature inconsciente », guidée uniquement par un instinct de création, qui engendre des êtres imparfaits ou condamnés, sans soin ni protection.

En 1776, atteint d'une maladie intestinale « mortelle et incurable », il confie à un ami que retoucher ses manuscrits sur son lit de mort, c'était un peu comme si, pendant le siège de Constantinople, les Grecs s'étaient disputés sur des questions religieuses secondaires. Mais ses habitudes étaient tenaces, et si cela lui permettait d'oublier un moment sa souffrance, tant mieux.

James Boswell lui rendit visite dans ses appartements de St Andrew Square à Édimbourg et le trouva « maigre, effroyable et d'une apparence terreuse, vêtu d'un costume de tissu gris avec des boutons en métal blanc, et d'une perruque à poils raides ». Boswell était curieux de savoir « s'il persistait à ne pas croire en un état futur, même lorsqu'il avait la mort devant les yeux ». Hume répondit sèchement qu'il n'éprouvait pas plus de difficulté à imaginer l'au-delà qu'à imaginer « l'avant-vie » précédant sa naissance. S'il existait une vie après la mort, il serait tout aussi capable que n'importe qui d'y rendre des comptes. Son ami Adam Smith vint également lui rendre visite, lui souhaitant un prompt rétablissement. Hume s'empressa de lui déclarer qu'il se réjouissait d'une fin rapide. Il raconta à Smith qu'il avait relu l'un de ses livres favoris, les *Dialogues des morts* de Lucien de Samosate[1]. Dans ce texte les mourants présentent leurs excuses au batelier Charon (le passeur vers les Enfers dans la mythologie grecque) pour le persuader de leur épargner la dernière traversée du Styx (fleuve des Enfers). Sa seule excuse, précisa Hume, serait de demander plus de

1. Lucien de Samosate (120-180), rhéteur et auteur satirique originaire de Samosate (Turquie actuelle).

temps pour corriger les éditions de ses œuvres, mais il doutait que Charon accède à son souhait. Peut-être, dit-il à Smith, devrait-il demander à Charon un peu de temps pour voir l'humanité délivrée de la superstition, mais il devinait la réponse de Charon : « Cela n'arrivera pas avant deux cents ans. Monte dans le bateau tout de suite, espèce de voyou paresseux. » Les deux hommes en rirent. Plus tard, Smith raconta cette histoire dans le récit qu'il fit de la mort de Hume. Ce qui lui valut, de la part des théologiens, une réaction plus furieuse encore que celle qui avait accueilli son essai *Richesse des nations,* publié en 1776, l'année de la mort de Hume.

La tranquillité de David Hume face à sa propre mort était un scandale pour les théologiens, pour Boswell et pour son ami le poète Samuel Johnson, lequel affirmait qu'il ne faisait que jouer la comédie, sur le modèle de Socrate[1]. Johnson soutenait que Hume devait être aussi terrifié que le reste d'entre nous ; il pensait qu'il était impossible de mourir sans la consolation de la foi chrétienne. Il était lui-même effrayé par la mort, craignant d'être condamné pour ses péchés, envoyé en enfer, et il reculait d'horreur à l'idée que son âme meure avec son corps, que le corps matériel retourne à la poussière. Johnson s'est trompé sur Hume. Ceux qui étaient à son chevet, au cours des derniers mois, ont témoigné qu'il avait souffert avec calme et indulgence, qu'il n'avait jamais faibli dans sa détermination à mourir comme il avait vécu, sans la consolation de la foi. Sa mort est devenue un marqueur historique, le signe qu'une nouvelle façon de mourir, et donc une nouvelle façon de penser la consolation, faisait son chemin dans le monde.

1. Condamné à mort, Socrate se suicide, vers 399 av. J.-C., en buvant la ciguë après avoir passé ses dernières heures à discuter avec ses amis.

Qu'est-ce qui lui a permis d'affronter ses derniers jours avec cette sérénité ? La réponse se trouve peut-être dans le dernier document qu'il a écrit, *Ma propre vie,* composé en une seule journée, le 18 avril 1776, de son style cursif et soigné. Il ne s'agit pas d'une confession autobiographique comme celle d'Augustin ou de Rousseau. Elle est très sélective, passant sous silence, par exemple, l'amère querelle de Hume avec Rousseau. Il s'agit d'un récit, d'une fière affirmation, de ce qu'il a accompli, destiné à la postérité. Il raconte le cheminement d'un pèlerin séculier, les obstacles surmontés, une vie à laquelle la recherche de la célébrité, en tant qu'auteur, a donné un sens. Il relate les défis auxquels il a été confronté, en particulier la réaction initiale à son *Traité.* Lorsqu'il parut, ce fut un « mort-né de la presse », sans même exciter, dit-il ironiquement, le « murmure des zélotes ».

L'échec du *Traité* le conduit à le remanier sous une forme plus accessible, et sous le titre *Enquête sur l'entendement humain*, pour se rendre compte qu'il était une fois de plus ignoré. Les réactions politiques partisanes à son *Histoire de l'Angleterre* l'ont tellement découragé qu'il a envisagé d'abandonner complètement l'écriture. Seules la publication de son *Histoire naturelle de la religion* et la « pétulance, l'arrogance et la méchanceté » qu'elle a suscitées « m'ont quelque peu consolé de l'accueil par ailleurs indifférent de ma performance ». Il découvre qu'il se nourrit des réactions négatives. Peu à peu, les livres se vendent mieux et il parvient à s'affranchir des faveurs arbitraires des mécènes et des riches. À Paris, dans les années 1760, il connaît même la gloire en compagnie de « femmes modestes ». On le surnomme « le bon David », et les hôtesses de la haute société, comme la comtesse de Boufflers, sont séduites par la rudesse écossaise avec laquelle il parle français.

Hume se remémore ses glorieuses années à Paris avec satisfaction, mais sans nostalgie. Pour lui, il est plus important de dire à la postérité qu'il a gagné mille livres au cours d'une bonne année. Il est fier de l'« aisance » que trente années acharnées lui ont permis d'acquérir. Le test d'une bonne vie nous dit Hume, est de savoir si l'on a été fidèle à ses ambitions et si l'on s'est tracé un chemin. Cette attitude à l'égard de la vie va de pair avec son attitude à l'égard de la mort. Bien plus tôt dans sa vie, il avait écrit un essai sur le suicide dans lequel il insistait, avec passion, sur le fait que les autorités religieuses n'avaient pas le droit de refuser à un homme le choix de sa propre mort. La mort, comme la vie, a un sens dans la mesure où nous la façonnons à nos propres fins, où nous la « possédons ». Son essai sur le suicide était une défense passionnée de la liberté humaine, et il était en profonde sympathie, acquise au cours de ses années de dépression, avec tous ceux qui pouvaient atteindre ce point où la vie ne valait plus la peine d'être vécue.

Il a abordé la mort de la même manière, sans crainte et avec le même flegme. Il savait que son mal était « mortel » et « incurable », mais il aimait toujours autant la lecture et appréciait la compagnie de ses amis. « Il est difficile d'être plus détaché de la vie que je ne le suis actuellement », écrit-il. Il parle même de lui au passé : « Je suis, ou plutôt j'étais, car c'est l'imparfait que je dois utiliser maintenant. » Il conclut *Ma propre vie* en avouant que « cette oraison funèbre de moi-même » peut faire preuve d'une certaine vanité, mais que ses affirmations peuvent être facilement vérifiées. Il a écrit cette « oraison funèbre » en une journée, d'un seul trait, ce qui suggère qu'il savait, depuis longtemps, ce qu'il voulait dire.

Une fois l'ouvrage terminé, il met de l'ordre dans ses affaires. Il cède sa fortune à son neveu, s'assure que ses livres seront publiés dans de nouvelles éditions et que les *Dialogues sur la religion naturelle* seront imprimés. Il ordonne que des papiers soient brûlés et que les domestiques soient payés. Il dit adieu à tous ses amis et va au-devant de sa fin, avec calme et sérénité.

Parmi les papiers qu'il choisit de ne pas détruire figure la lettre au médecin. Comme une autre célèbre lettre jamais envoyée, celle de Beethoven à sa bien-aimée vénérée, Hume a conservé la sienne pour se souvenir du prix qu'il avait payé pour devenir l'homme qu'il était. Cette lettre lui permettait de se regarder, et de nous montrer, qu'il avait choisi une vie, qu'il l'avait pleinement vécue, qu'il avait réalisé les rêves du jeune homme angoissé de vingt-trois ans qu'il avait été. Il avait créé une nouvelle forme de consolation : l'autobiographie en tant que récit de la réalisation de soi.

9.

Les consolations de l'histoire

L'Esquisse d'un tableau historique des progrès de l'esprit humain de Nicolas de Condorcet

LE 8 JUILLET 1793, deux médecins frappent à la porte de leur ancienne auberge de la rue des Fossoyeurs, près de Saint-Sulpice à Paris. Ils sont accompagnés d'un homme d'âge mûr en état d'agitation. Les deux hommes demandent à la maîtresse de maison, Madame Vernet, de l'héberger. Elle sait qu'il s'agit d'un fugitif. C'était une veuve sans enfant, originaire de Châteauneuf en Provence, qui louait des chambres à des étudiants en médecine. Lorsque ses deux anciens pensionnaires l'implorent, elle se contente de demander : « Est-il vertueux ? » Ils l'assurent qu'il l'est. « Alors, qu'il vienne », a-t-elle dit. Lorsqu'il propose de la payer, elle refusera son argent jusqu'à la fin de son séjour, neuf mois.

Ce n'est que plus tard qu'elle apprendra son vrai nom : Marie-Jean-Antoine-Nicolas de Caritat, marquis de Condorcet, député à la Convention nationale, ancien secrétaire général de l'Académie royale des sciences, mathématicien, savant, homme politique, et désormais hors-la-loi, proscrit par les jacobins, ses biens confisqués et sa vie menacée par la guillotine. Après avoir été la principale figure intellectuelle des révolutionnaires modérés, il est aujourd'hui un homme de cinquante ans à bout de souffle.

Depuis l'été enivrant de 1789, lorsque la Bastille est tombée, Condorcet et sa femme, Sophie, une aristocrate pleine d'entrain de vingt ans sa cadette, étaient au centre de la ferveur révolutionnaire. Elle était d'une beauté éclatante et l'hôtesse d'un salon étincelant. Il était le mathématicien le plus célèbre de France, le secrétaire général de l'institution scientifique la plus élitiste de son pays, un ami intime de Voltaire et un pamphlétaire prolifique sur toutes les causes progressistes de son temps. Alors qu'il était un homme timide et nerveux, peu doué pour la parole, une hôtesse de la haute société l'avait un jour réprimandé pour s'être rongé les lèvres et les ongles en public. La Révolution va lui offrir la plus grande scène possible, sur laquelle il pourra déployer ses talents.

Dans les premiers mois de la Révolution, porté par l'enthousiasme ambiant, Condorcet avait été aperçu dans les rues de Paris vêtu du nouvel uniforme de la Garde nationale. Cependant, au lieu de porter une épée comme le voulait la tradition, il avait opté pour un parapluie. Des hommes comme lui, armés des nouvelles disciplines que sont le calcul, les probabilités et l'économie politique, pensaient pouvoir construire une république sur les fondements de la science et libérer la France de l'incompétence qui avait condamné l'Ancien régime. Il connaît, de l'intérieur, les défauts du régime, ayant été conseiller des ministres réformateurs Turgot et Necker, et ayant été témoin de leurs tentatives de maîtriser les finances publiques d'une monarchie criblées de dettes.

La maison qu'il habite avec Sophie, à Auteuil, dans la banlieue de Paris, devient le lieu de rassemblement des révolutionnaires modérés. Des aristocrates réformateurs et des hommes nouveaux comme l'abbé Sieyès[1], auteur du pamphlet historique *Qu'est-ce que le tiers-état?*, se réunissent pour planifier, socialiser et entretenir l'illusion qu'ils contrôlent réellement le déroulement précipité des événements. Condorcet fait partie des comités qui rédigent le premier programme d'un système d'Éducation nationale. Pour lui comme pour Sieyès, la Révolution est l'occasion de libérer tout un peuple de la superstition et de l'ignorance. Membre fondateur de la Société des amis des Noirs, il rédige un projet de loi interdisant l'esclavage dans les colonies françaises. Sous l'influence de Sophie, il écrit un pamphlet affirmant que les femmes devraient avoir les mêmes droits de citoyenneté que les hommes, bien qu'il omette de leur accorder le droit de vote lorsqu'il rédige la Constitution française de 1792. Dans une révolution qui peine à maîtriser la nouvelle logique de la démocratie, il met en œuvre la théorie des probabilités, concevant des procédures relativement complexes, baptisées la méthode Condorcet.

Ses alliés naturels, comme l'abbé Sieyès et le journaliste Jean-Baptiste-Antoine Suard, pensent que la Révolution est une occasion historique de réconcilier la souveraineté populaire avec le pouvoir exécutif, et d'ancrer le nouveau régime dans une charte des droits qui protégera les citoyens de la tyrannie.

Au début, il était favorable à l'établissement d'une monarchie constitutionnelle, mais lorsque le roi Louis XVI et sa famille ont tenté de fuir en 1791 et ont été arrêtés à Varennes, lui et sa femme, ainsi que des amis proches comme le député Tom Paine[2], ont estimé que la monarchie devrait

1. Emmanuel-Joseph Sieyès, l'abbé Sieyès (1748-1836), homme politique et essayiste français.
2. Thomas Paine (1737-1809), philosophe, pamphlétaire, révolutionnaire britannique, américain et français.

être abolie et que la France devrait devenir une république. Il soutient même les lois visant à supprimer les titres et les noms de familles comme la sienne – le marquis de Condorcet devient le citoyen Caritat. Il écrit aussi des articles justifiant des suspensions extraordinaires de l'État de droit, en période d'urgence révolutionnaire.

Ce glissement vers la gauche lui coûta nombre de ses amitiés aristocratiques. Les sociétés scientifiques royalistes de Saint-Pétersbourg et de Potsdam lui retirent son titre de membre honoraire. Sans se décourager, il adhère au mouvement révolutionnaire et se fait élire député à l'Assemblée nationale, puis à la Convention nationale, chargée de rédiger une nouvelle constitution républicaine. Lorsque le roi est jugé en décembre 1792, il vote en faveur de la condamnation du monarque pour haute trahison, mais s'oppose à sa mise à mort, car la Révolution, selon lui, ne doit pas exécuter ses ennemis.

La Révolution étant menacée de l'extérieur par les armées monarchistes et de l'intérieur par les divisions fratricides, son vote pour épargner la vie du roi donne aux jacobins l'occasion de l'abattre. Ceux-ci votent contre son projet de nouvelle constitution républicaine. En juin 1793, le peuple de Paris prend d'assaut la Convention, obligeant les députés, terrifiés, à autoriser l'arrestation des girondins, la famille politique de Condorcet. Celui-ci, à ce moment-là, aurait pu choisir le silence et le repli. Ses alliés comme l'abbé Sieyès et Jean-Baptiste Suard font profil bas. Entraîné peut-être par l'illusion que son éminente réputation le rendrait intouchable, Condorcet dénonce aussitôt la nouvelle constitution jacobine qui livre le pays au despotisme de Robespierre et de Saint-Just. Les jacobins le proscrivent, ses maisons sont mises sous scellés, et il est contraint de s'enfuir. Ses ennemis pensent qu'il s'est exilé à l'étranger.

Au lieu de cela, il va se réfugier, pendant neuf mois, chez Madame Vernet, au cœur du Paris révolutionnaire. Avec sa propriétaire provençale, il formera un couple improbable, mais rapidement si soudé qu'il en vint à l'appeler sa « seconde mère ». C'était peut-être pour apaiser les soupçons de son épouse dévouée, mais c'était aussi admettre son besoin de consolation maternelle, enraciné au plus profond de son enfance. Son père, un officier militaire issu d'une famille noble ancienne, était mort lorsqu'il était enfant. Sa « première mère », une veuve pieuse, avait habillé son fils unique en fille, avec des vêtements d'un blanc pur, jusqu'à l'âge de huit ans, avec l'espoir qu'il devienne un catholique vertueux. En vain. À la fin de ses études au lycée, à Paris, Condorcet évolue déjà dans des milieux qui rejettent la religion comme une superstition.

Reconnu comme un prodige des mathématiques, il publiera, en 1765, *Du calcul intégral,* son premier travail sur le calcul, à l'âge de vingt-deux ans. Comme David Hume, Condorcet s'enivre de sa propre intelligence et rêve de révolutionner les « sciences de l'homme ». Cette croyance en la raison humaine fait de lui un ennemi permanent de cette foi, qui a pourtant réconforté sa mère dans son veuvage.

Alors que l'été 1793 se transformait en automne, puis en hiver amer où la nourriture et le combustible manquaient dans le Paris révolutionnaire, le fugitif prenait ses repas au coin du feu avec Madame Vernet et deux autres pensionnaires, avant de rejoindre sa chambre pour travailler sur ses écrits. Lorsqu'il apprend en octobre que trente députés modérés de la Convention nationale, des camarades, ont été guillotinés sur la place de la Révolution, Condorcet arrive en larmes dans la chambre de Madame Vernet. Elle le prend dans ses bras et il pleure, impuissant. Dans une lettre qu'elle écrivit trente ans plus tard, elle se souvient qu'il murmura: « Je suis un hors-la-loi, et tu le seras aussi. » Elle se souvient également du réconfort qu'elle lui a apporté. Robespierre et le Comité de salut public pouvaient faire de lui un hors-la-loi, disait-elle, mais personne ne pourrait l'expulser de l'espèce humaine.

Sophie, l'épouse de Condorcet, déguisée en paysanne, lui rendait visite chaque fois qu'elle le pouvait, en contournant la foule autour de la guillotine. Elle venait à pied d'une maison d'Auteuil, lui apportant des vêtements, des journaux et des nouvelles de leur fille Eliza, âgée de quatre ans. Leur propre maison avait été mise sous séquestre et, en tant qu'épouse d'un aristocrate proscrit, elle était en danger. Elle survit en dessinant et en vendant des portraits d'anciens aristocrates. Elle ne cesse de répéter à son mari de ne pas céder au désespoir. Dans un billet qu'il lui fait parvenir en décembre, Condorcet écrit: « Ne craignez pas que je cède. Je peux tenir bon. Je n'ai pas de regrets. On m'a dit: tu peux être oppresseur ou victime. J'ai choisi le malheur et je les laisserai choisir le crime. »

Son esprit est-il à la résignation ou au défi? A-t-il réussi à rassurer Sophie? Il doit encore lutter. Alors que le froid hivernal s'empare de la rue des Fossoyeurs, il se blottit près de l'âtre, persuadé que sa fin est proche, tourmenté à l'idée de perdre sa fille et qu'elle n'aurait jamais aucun souvenir de lui. Malgré tous les efforts de sa femme et de Madame Vernet, il a parfois l'impression d'être enterré vivant.

Il s'était battu pour une certaine idée de la Révolution, dans laquelle la science et la raison, magnifiées par des hommes sages et soucieux de l'intérêt général comme lui, guideraient le peuple vers une république stable, prospère, en harmonie avec elle-même et en paix avec ses voisins. En 1793, « sa » révolution avait été balayée par une révolution populaire, affamée, vengeresse, en guerre contre les monarques d'Europe, désespérée et acharnée à réprouver les ennemis de l'intérieur. La police et les informateurs de cette révolution radicale patrouillent désormais sous sa fenêtre. Ce n'était qu'une question de temps avant qu'ils ne le trouvent.

Sa femme, inquiète de son humeur maussade, lui propose de reprendre un projet d'écriture commencé au début des années 1780. Son idée initiale était d'écrire une grande histoire en plusieurs volumes sur le développement extraordinaire de la science et de la technique, aidé par de nouvelles technologies comme l'imprimerie, et sur le rôle de ce développement dans l'émancipation de l'humanité, confrontée à la tyrannie et à la superstition. La philosophie des Lumières, les nouvelles espérances du progrès expliquent la Révolution et donnent un sens à sa propre vie.

Il n'était pas le seul à croire que les Lumières et la science avaient allumé l'étincelle de la Révolution française. Le parlementaire et orateur conservateur anglo-irlandais Edmund Burke y croyait également mais, dans ses *Réflexions sur la Révolution en France,* il insistait sur le fait que les « sophistes, économistes et calculateurs » – une définition qui convenait parfaitement à des hommes comme Condorcet et Sieyès – avaient remplacé le respect de la tradition par une nouvelle foi dangereuse. Pour Burke, le rationalisme et l'extrémisme étaient fatals. Des hommes comme l'abbé Sieyès, qui déclara « pour faire avancer le progrès, le législateur doit détruire sans pitié toutes les erreurs du passé », avaient légitimé l'effusion de sang.

En revanche, à l'autre bout de l'Europe, Emmanuel Kant[1] défend la Révolution dans un article intitulé « Une nouvelle tentative pour répondre à la question: l'espèce

1. Emmanuel Kant (1724-1804), philosophe prussien.

humaine s'améliore-t-elle continuellement ? ». Il affirme que la Révolution française a révélé un désir de liberté qui conduira les êtres humains du monde entier à renverser la tyrannie. Une fois que la France aura ouvert la voie, la Prusse pourra suivre, et des Républiques autonomes se répandront dans toute l'Europe. La paix s'ensuivra sûrement, car les peuples, s'ils sont rationnels, ne voteront jamais pour envoyer leurs enfants à la guerre. La Révolution délivrera l'humanité du spectacle dégradant – il cite ici David Hume – de nations semblables à « des misérables, ivres, qui se matraquent les uns les autres dans un magasin de porcelaine ». Kant délivrait ce point de vue alors que les armées révolutionnaires françaises traversaient l'Europe et que le Continent plongeait dans une succession de guerres qui ne devaient s'achever qu'en 1815, par la défaite de la Révolution elle-même. Kant s'accroche néanmoins à ces espoirs : la Révolution avait démontré, une fois pour toutes, que la liberté civile et l'autonomie étaient des rêves réalisables.

Condorcet y croyait aussi, mais il lui fallait s'attaquer au récit le plus puissant de son époque, le *Discours sur l'origine de l'inégalité* de Jean-Jacques Rousseau. Dans cette alternative dystopique, écrite trente ans avant la Révolution, l'histoire est interprétée non comme une histoire de progrès, mais comme le déclin fatal d'une égalité primitive, laquelle est défigurée par la propriété, l'inégalité et la tyrannie : « Dès l'instant où un homme a eu besoin de l'aide d'un autre, dès l'instant où il s'est aperçu qu'il pouvait être avantageux pour une seule personne d'avoir des provisions pour deux, l'égalité a disparu, la propriété a été introduite, le travail est devenu nécessaire, et les vastes forêts de la nature ont été transformées en plaines agréables, qui doivent être arrosées par la sueur des hommes, et dans lesquelles le monde a vu l'esclavage et la misère commencer à croître et à fleurir avec la moisson. »

Pour contredire Rousseau, Condorcet s'est appuyé sur la magistrale réfutation d'Adam Smith dans sa *Richesse des nations,* publiée en 1776. Condorcet connaissait l'œuvre de Smith. Il existait de profondes affinités entre leurs cercles intellectuels, et Sophie traduira, après la mort de Condorcet, la *Théorie des sentiments moraux* de Smith. Sans jamais citer nommément Rousseau, Smith soutient que les philosophes qui ont associé l'essor du capitalisme à une tendance fatale à l'accroissement des inégalités n'ont pas tenu compte de la productivité du travail dans une économie moderne. S'il peut y avoir plus de différences entre les riches et les pauvres qu'autrefois, grâce aux progrès économiques et industriels, il y a moins de gens qui vivent dans une pauvreté extrême. En conséquence, selon Smith, un journalier moyen en Angleterre vivait mieux que les rois africains. En soulignant la fonction morale de la division du travail, Smith rejetait la nostalgie de Rousseau pour un passé égalitaire, imaginaire, et il a donné à la modernité capitaliste l'aval le plus influent qu'elle ait jamais reçu.

Pour Smith, le débat avec Rousseau portait sur la signification morale de la « société commerciale ». Pour Condorcet, ce qui était en jeu, c'était l'objectif même de la Révolution. C'est la vision « rousseauiste » de l'histoire qui a légitimé la haine des jacobins pour les privilèges, et leur méfiance à l'égard des renégats titrés comme Condorcet. Robespierre justifiait la Terreur en affirmant que celle-ci empêcherait l'histoire de retomber dans l'inégalité et la tyrannie. Pour Condorcet au contraire, l'histoire devait échapper à ce schéma fatal.

Reclus rue des Fossoyeurs, il sait que son ancien projet – l'histoire en plusieurs volumes –, est désormais impossible. Il n'a ni livres, ni bibliothèque et surtout pas le temps. Son projet devient *Esquisse d'un tableau historique des progrès de l'esprit humain* et, lorsqu'il se met au travail avec pour seul guide sa prodigieuse mémoire, il écrit dans une hâte fébrile, craignant qu'on ne vienne l'arrêter. Il fuyait, aussi vite que sa plume le portait, du présent vers l'avenir.

Les grands historiens de la génération précédente n'avaient pas jugé nécessaire de transformer l'histoire en une épopée morale. Condorcet était trop désespéré pour douter. Il ne croyait pas que l'histoire puisse soudainement anéantir les espoirs les plus prometteurs. Son *Esquisse* est une apologie de sa propre vie, écrite à l'ombre de la guillotine. Comme il l'a admis, c'était un exercice de consolation, une écriture de l'histoire en tant que jeu moral, une justification de « sa révolution » contre celle qui menaçait désormais sa vie. Pour lui l'espèce humaine « se renouvelait sans cesse à travers les siècles », suivant un chemin ascendant vers la vérité et le bonheur. Il voulait montrer que sa propre ardeur révolutionnaire n'avait pas été vaine, et il nous a donné une vision de l'histoire dans laquelle cette ardeur est inextinguible : « La perfectibilité de l'homme est vraiment indéfinie, et le progrès de cette perfectibilité, désormais indépendant de toute puissance qui voudrait l'arrêter, n'a d'autre limite que la durée du globe sur lequel la nature nous a jetés. » C'était sa façon de dire que la révolution pour laquelle il s'était battu finirait par triompher : « Nous démontrerons comment la nature a uni le progrès des connaissances et celui de la liberté, de la vertu et du respect des droits naturels de l'homme. »

« Nous démontrerons », « nous montrerons », « il sera prouvé » : les injonctions rhétoriques se succèdent, chacune étant plus fervente que la précédente. Il écrit avec la ferveur d'un homme désespéré de se convaincre que l'histoire l'absoudra. Car il avait beaucoup à se reprocher : des amitiés abandonnées, des compromis, et des positions radicales qui avaient ouvert la voie à la terreur. L'histoire, se persuadait-il désormais, lui pardonnerait tout.

L'espèce humaine a franchi neuf étapes, écrit-il, depuis la chasse et la cueillette primitives jusqu'au commerce, en passant par l'agriculture, le tout en préparation de l'ultime dixième étape, celle qui a été annoncée par la Révolution.

À chaque étape, le moteur du progrès aura été l'ingéniosité implacable de la raison humaine, qui a extirpé les secrets de la nature et qui a repoussé les limites de la pénurie et de l'ignorance. Parfois, le progrès s'est arrêté, mais seulement parce que des tyrans et des prêtres ont freiné l'avancée des connaissances et la diffusion de la liberté.

Aujourd'hui, grâce à la Révolution, leur pouvoir s'estompe. Comme David Hume, Condorcet réserve ses passages les plus hostiles à l'Église. C'est l'emprise des prêtres sur l'esprit des hommes qui empêchent l'humanité de chercher le salut sur Terre : « Ces groupes religieux ont contrôlé l'éducation pour apprendre aux gens à accepter leurs souffrances et leur condition, au point qu'ils n'étaient même plus capables d'envisager de se révolter... Comment peut-on choisir librement de s'aveugler avec la superstition ? Croire en l'histoire elle-même, n'est-ce pas une fausse espérance ? » Heureusement, croit-il, l'imprimerie rend le progrès irréversible, puisque ce qui a été pensé une fois ne peut plus être perdu. L'imprimerie a également créé ce que Condorcet a appelé « un tribunal indépendant de toute contrainte », une société civile cosmopolite d'hommes et de femmes libres dont les opinions servent de frein au pouvoir des tyrans et aux superstitions du clergé. Dans les dernières pages de l'*Esquisse,* il laisse libre cours à son imagination. Comme Kant, il pense que, dans l'avenir, toute l'humanité embrassera la liberté républicaine. Comme Smith, il croit que la modernité capitaliste nous délivrera de la pénurie et de la faim. Comme les médecins Pinel et Cabanis, qui avaient logé chez Madame Vernet lorsqu'ils étaient étudiants et qui lui avaient trouvé ce refuge, il croyait que la médecine vaincrait un jour les maladies. Les hommes ne mourront plus avant l'heure, mais iront jusqu'à leur terme naturel. Dans la misère de l'hiver révolutionnaire, il rêvait d'un temps où la science, l'industrie et l'économie politique mettraient l'abondance à la portée de tous. Émancipés par le savoir, les hommes vivraient dans la liberté et la paix, et la guerre, fléau de la civilisation, disparaîtrait.

Il n'était pas le premier à fuir un présent difficile en rêvant d'un avenir meilleur, ni à penser que les générations futures réhabiliteraient son image. Mais il était parmi les premiers à voir l'histoire comme une alternative à l'idée religieuse, et à croire que le changement historique était guidé par la raison humaine, ce que des penseurs comme Hume ou Gibbon n'auraient pas soutenu. S'il a cherché à prendre du recul et à s'évader en se concentrant sur les vastes horizons de l'histoire, il n'y a peut-être trouvé qu'une distraction passagère. Au cours de l'hiver 1794, dès qu'il eut terminé l'*Esquisse,* Madame Vernet remarqua qu'il était devenu agité et mal à l'aise. Dans une lettre à Sophie, il lui dit : « Je ne tiens à la vie que par l'amour et l'amitié. J'ai renoncé à la gloire. Quelle folie de rêver aux siècles futurs et de ne pas vivre le présent ! » Il semble s'éloigner de ses pensées, de son travail « d'intellectuel », un mot n'existait pas encore. Son séjour chez Madame Vernet avait été « un refuge où ses persécuteurs ne pouvaient le poursuivre ». Il y avait vécu de façon poignante, « dans un Elysium[1] que sa raison avait su lui créer ». C'était l'Elysium des poètes classiques – il gardait près de lui un Horace latin –,

1. *Elysium,* état de grand bonheur.

un refuge de prairies ensoleillées à la fin du voyage, au-delà du chagrin et de la peur.

Lorsque le Comité de salut public d'Auteuil confisque finalement tous les biens de Condorcet en janvier 1794, Sophie décide de divorcer afin de sauver ce qui reste de ses biens pour les léguer en toute sécurité à leur fille Eliza. Condorcet accepte pour le bien de son enfant, mais le divorce lui est douloureux. Lorsqu'en février, le Comité de salut public de Paris décrète que toute personne abritant un proscrit sera condamnée à mort, il commence à se reprocher d'avoir mis Madame Vernet en danger. Fin mars, un étranger s'était présenté pour louer un appartement et il avait posé des questions sur les autres locataires, et Condorcet pense que son arrestation est désormais imminente.

Il écrit à sa fille Eliza une lettre d'adieu, empreinte de la tendresse d'un père qui craint de ne plus jamais la revoir. Il l'exhorte à apprendre un métier, la gravure peut-être, afin d'être autonome, et lui dit qu'il espère qu'elle restera toujours une républicaine convaincue. S'ils arrêtaient sa mère, Eliza devrait chercher la protection de sa « seconde mère » et, si tout cela échouait, Condorcet s'engage à trouver le chemin de son ami Thomas Jefferson, autrefois ambassadeur américain en France, maintenant à des milliers de kilomètres de là, à Monticello[1]. Il brûle de vieux papiers griffonnés d'équations mathématiques et confie le manuscrit de l'*Esquisse* à l'un des pensionnaires, lui demandant de veiller à ce qu'il parvienne à sa femme.

Le 25 mars 1794, il s'habille et déjeune comme d'habitude, demandant à Madame Vernet si elle veut bien monter chercher sa tabatière. Pendant ce temps, il s'éclipse dans la

1. Monticello fut la principale plantation et la maison de Thomas Jefferson près de Charlottesville, en Virginie, à l'est des États-Unis.

rue des Fossoyeurs et dit adieu à la maison pour toujours. Il marche douze kilomètres jusqu'à la périphérie de Paris, là où habitent ses amis Amélie et Jean-Baptiste Suard, chez qui il espère pouvoir se réfugier. Ils se connaissaient depuis vingt ans et avaient pris le même parti dès le début de la Révolution. À vingt ans, il avait confié à Amélie l'inconstance de sa vie amoureuse et ils étaient restés amis, du moins le croyait-il. Il se trompait. À peine était-il arrivé sur place qu'un domestique l'avait éconduit en lui disant que ses « amis » étaient à Paris. Il revint à la tombée de la nuit, pour être à nouveau éconduit. Il s'égara dans une carrière voisine et dormit à la dure cette nuit-là, avant de revenir le lendemain matin. Suard le laissa entrer mais il lui dit que c'était trop dangereux de lui donner refuge. Condorcet sortit et, épuisé, ne sachant plus où donner de la tête, il marcha jusqu'à une petite auberge où il se commanda une omelette. Combien d'œufs ? lui demanda-t-on. Douze, répondit-il, ce qui éveilla les soupçons. Par malchance, le bar était un repaire de jacobins et les membres du Comité local de sécurité publique commencèrent à l'assaillir de questions. Il prétendit qu'il était un couvreur au chômage. Ils lui retournèrent les mains et constatèrent qu'il n'avait jamais fait de travail manuel de sa vie. Ils vidèrent ses poches et trouvèrent une belle montre, ainsi qu'une petite édition en latin des poèmes d'Horace. Trois jours sur la route et des nuits à dormir dans la rue l'avaient rendu trop faible pour marcher. Ils l'ont donc attaché sur une brouette, transporté jusqu'à la prison, et enfermé pour la nuit. Le lendemain matin, ils l'ont trouvé mort. La cause probable du décès est une attaque cérébrale, provoquée par l'épuisement et le stress. Il a été enterré dans une tombe d'indigent.

Quelques mois plus tard, lors de la Fête de l'Être Suprême, organisée au Champs de Mars à Paris par le peintre officiel de la Révolution Jacques-Louis David, Robespierre, alors en pleine gloire, prononce l'épitaphe de Condorcet, avec le venin méprisant d'un homme qui se croyait intouchable: « l'académicien Condorcet, autrefois grand mathématicien dans l'opinion des lettrés, et lettré aux yeux des mathématiciens, conspirateur timide, méprisé de tous les partis... ». Deux mois plus tard, Robespierre montera sur l'échafaud de la place de la Concorde.

Madame Vernet, Sophie et Eliza ont toutes trois survécu à la Révolution. En 1826, Amélie Suard a publié des mémoires affirmant qu'elle et son mari n'avaient pas repoussé Condorcet, mais avaient en fait laissé la porte arrière de leur jardin ouverte pour qu'il puisse revenir et s'abriter la nuit fatidique précédant son arrestation. Amélie Suard ignorait que Madame Vernet était toujours en vie et qu'elle avait sa propre version des faits. À la lecture des mémoires d'Amélie, Madame Vernet, alors octogénaire, écrivit à Eliza une lettre indignée. Après la disparition de Condorcet dit-elle à Eliza, elle avait appris par ses locataires où il s'était enfui et elle-même s'y était rendue, peut-être dans l'espoir de le retrouver vivant. Elle avait fait le tour de la maison et inspecté la porte du jardin que les Suard avaient dit avoir laissée ouverte pour lui. Elle était bloquée par une touffe d'herbe d'un mètre de haut. Pour Madame Vernet, cela prouvait que les Suard ne l'avaient jamais ouverte. Ils avaient été des monstres de lui refuser un abri et des hypocrites de tenter de falsifier les faits trente ans plus tard. Pour la vieille propriétaire, régler son compte aux Suard était sa façon de justifier ce qui aurait pu être le geste le plus noble de sa vie: elle n'avait pas pu consoler l'étranger qui avait frappé à sa porte ce matin de 1793, mais elle avait au moins eu le courage de l'héberger.

Après la défaite de Napoléon et la restauration de la monarchie, deux contemporains de Condorcet, l'abbé Sieyès et le peintre Jacques-Louis David, s'exilent ensemble à Bruxelles en 1817. David fait le portrait de son ami Sieyès, assis dans un fauteuil sur un fond sombre, regardant le peintre d'un air distant et renfermé. C'est l'une des grandes métaphores de la désolation de l'exil, et de la défaite. Plus tard, lorsqu'il revint à Paris et qu'un jeune homme lui demanda ce qu'il avait fait exactement pendant la Révolution, le vieil homme répondit simplement : « J'ai vécu. J'ai survécu. » Pour quelqu'un qui avait espéré que la Révolution ouvrirait la voie à un monde nouveau, c'était une bien triste consolation que de penser que l'on avait « survécu » à la Révolution.

Sophie publia l'*Esquisse* de Condorcet en 1795 et vécut jusque dans les années 1820, sans jamais se remarier, restant jusqu'au bout une aristocrate intrépide du siècle précédent, dévouée aux idéaux révolutionnaires de son mari. Dans les années 1840, Eliza prépara une édition des œuvres de son père. Grâce à ces éditons et à la façon dont la Révolution française a défini la politique et les passions du XIXe siècle, Condorcet est devenu l'une des grandes figures intellectuelles des « Lumières », l'auteur de cette version du progrès qui a servi de consolation pour toute la tradition progressiste européenne.

10.

Le cœur d'un monde sans cœur

Karl Marx et le Manifeste communiste

L'ÉTÉ 1843, alors que le gouvernement prussien a interdit la publication de la *Rheinische Zeitung* (la « Gazette rhénane »), Karl Marx[1] et son épouse Jenny décident de fuir Cologne. Ils s'installent dans une chambre meublée de la rue Vaneau à Paris, et pensent être enfin arrivés dans la capitale de l'Europe révolutionnaire. Leur excitation a dû être intense, d'autant qu'ils étaient jeunes et amoureux. Les poèmes passionnés que Karl écrit à Jenny et les lettres de désir et d'abandon que Jenny adresse à Karl en témoignent, ils resteront ensemble jusqu'à la fin de leur vie. Jenny, née von Westphalen, avait hérité de son père aristocrate. Karl avait également hérité des biens de son père. À Paris on lui propose de rejoindre la nouvelle revue radicale, le *Deutsch-Französische Jahrbücher* (Annales franco-allemandes), publié par le journaliste Arnold Ruge[2].

1. Karl Marx, (1818-1883), philosophe, historien, sociologue, journaliste, théoricien de la Révolution, socialiste et communiste prussien.
2. Arnold Ruge (1802-1880), penseur politique allemand.

Les Marx sont aussi accueillis par le poète allemand Heinrich Heine, qui les aidera à élever leur première fille. Un an après leur arrivée, ils rencontrent au *Café de la Régence* le philosophe Friedrich Engels, qui fera partie de leur famille pour le restant de leur vie.

Bien que les bars soient peuplés d'espions, de compagnons de route et d'aventuriers, Jenny et Karl ont rencontré quelques artisans dévoués et rudes, pour la plupart allemands, socialistes utopiques, socialistes chrétiens, diplomates radicaux... Des personnages hors norme, voire romantiques, des hommes qui ont fait de la prison ou ont été exilés pour leurs convictions. Marx dira qu'en regardant leurs visages « usés par le travail », il a pour la première fois su ce que signifiait croire en la fraternité de l'humanité.

Ayant achevé sa critique de la religion, des années auparavant, il est étonné, lorsqu'il arrive à Paris, de trouver les communistes – disciples de Cabet, Leroux et Lamennais – qui lui disent : « Le christianisme, c'est le communisme. » Ce communisme évoqué dans les cafés enfumés, dit-il à Ruge, ce soulèvement qui a échoué à restaurer la révolution jacobine radicale en 1796 est une « abstraction dogmatique », un recyclage grossier de notions tirées de *La Conspiration des égaux*, un essai de Gracchus Babeuf[1]. Si la doctrine de Babeuf proposait l'abolition de la propriété privée, pour Marx, le communisme devait s'élever au-dessus du désir envieux, du nivellement et de la confiscation. Au contraire, la Révolution devait utiliser les nouvelles richesses de la société capitaliste, ainsi que les dernières avancées scientifiques et technologiques pour réaliser les progrès potentiels de toute

1. Gracchus Babeuf, de son vrai nom François Noël Babeuf (1760-1797), écrivain et politicien révolutionnaire français.

l'humanité. Telle était la pierre de touche de l'idéalisme qui le liait à Jenny : un objectif obsédant mais insaisissable d'émancipation humaine globale, mondiale, transcendante et transformatrice.

Dans leur milieu, tout le monde ne partageait pas cet espoir juvénile. Arnold Ruge, âgé d'une quarantaine d'années, espérait que la Révolution serait possible en Allemagne ou ailleurs. Marx n'était pas d'accord. Il suffisait d'une étincelle pour allumer « l'amour-propre de l'homme et son sens de la liberté », lui écrit-il. Avec le christianisme, la liberté « s'est installée dans les brumes bleues du ciel », mais il s'agit maintenant de « créer une communauté d'hommes qui puisse satisfaire ses besoins les plus élevés, un État démocratique » ici sur Terre. Un « État démocratique » dépassant le régime français de Louis-Philippe.

Certes, la France disposait d'un Parlement, de tribunaux et d'une charte constitutionnelle, mais seuls les citoyens bourgeois avaient le droit de vote, pas les ouvriers ni les femmes. Comme Marx l'écrira dans la première de ses contributions au journal de Ruge, « l'émancipation politique n'est pas l'émancipation humaine ». Dans les rues de Paris, Karl et Jenny rencontrent des hommes qui dorment à la dure dans l'embrasure des portes, des prostituées misérables, des enfants abandonnés : ni la misère, ni la pauvreté, ni les inégalités n'ont été entamées par une révolution des droits, et de la propriété.

Si cette souffrance renforce leur « radicalité », que pensent-ils de la voie empruntée par Robespierre et Saint-Just ? Robespierre avait prêché que la Révolution devait créer une foi collective à la place de la religion, mais Marx l'a méprisée : les révolutions ne doivent pas reproduire leurs propres superstitions. Dans un ordre social juste et transparent, quel besoin d'entretenir des illusions réconfortantes ?

Ce n'est pas la seule erreur jacobine. « Les révolutionnaires doivent être romains », s'était écrié Saint-Just. Pour le jeune Marx, c'était une erreur fatale de forcer une société moderne à revenir à la vertu des anciens. Une vertu républicaine austère ne pouvait être imposée aux « relations économiques et industrielles » d'une société bourgeoise moderne. Les jacobins ont eu recours à la terreur pour défendre leur révolution, mais celle-ci n'a servi à rien : les révolutions – et la violence qu'elles requièrent – ne sont justifiées que lorsque les conditions historiques sont réunies.

Marx pense que les radicaux qu'il rencontre dans les cafés et les bars commettent la même erreur. Il en vient à mépriser leur utopisme moralisateur, dépourvu de toute analyse des obstacles à surmonter. Au lieu d'un socialisme utopique, il propose donc un socialisme scientifique, ancré dans une philosophie de l'histoire. Il y a Condorcet sur qui s'appuyer, mais son *Esquisse* n'est qu'une esquisse. Les Lumières « écossaises » sont plus prometteuses. Les économistes politiques Adam Smith et Adam Ferguson ont élaboré des théories sur les étapes franchies par le capitalisme, et Marx se plonge dans leurs travaux, persuadé qu'ils lui permettront de saisir les moteurs de l'histoire. À vingt-cinq ans, à Paris, il se donne pour mission de créer la science qui libérera le prolétariat.

Mais la science ne suffit pas. Il faut que l'objectif d'une révolution soit clair, et il ne peut pas se limiter à la prise du pouvoir. Une véritable révolution doit abolir la distinction entre dirigeants et dirigés, se passer de l'appareil de coercition de l'État et créer une véritable communauté de frères et de sœurs. L'objectif de Marx est d'abolir la politique elle-même, pour lui substituer « l'administration des choses ». À quoi bon la politique si les divisions humaines sont abolies, s'il n'y a plus de gouvernants et de gouvernés, plus de classes, plus d'antagonismes religieux, nationaux ou ethniques ? S'il reste simplement à prendre soin et à entretenir des institutions publiques que tous les citoyens utilisent à leur profit ? C'est une politique au service d'un avenir, au-delà de la politique. S'il critique sévèrement l'utopie de ses collègues socialistes, Marx s'engage dans l'utopie la plus radicale qui soit.

Une utopie qui s'appuie sur la conviction que les êtres humains tels qu'ils sont – harcelés, solitaires, opprimés, égoïstes et envieux – pourraient être radicalement transformés. Dans ses notes, Marx a repris une citation du *Contrat social* de Rousseau : « Celui qui ose entreprendre de fonder les institutions d'un peuple doit se sentir capable de changer, pour ainsi dire, la nature humaine, de transformer chaque individu, qui est en lui-même un tout complet et solitaire, en une partie d'un grand tout dont il reçoit en quelque sorte sa vie et son être. »

Mais comment changer la nature humaine ? Chercher une réponse à cette question va donner à Marx une occasion de travailler sur ce que la Révolution exigeait : un être humain véritablement libre. Pourquoi tout être humain ne pourrait-il pas se libérer des identités réactionnaires qui le tenaient captif ?

La *Démocratie en Amérique* d'Alexis de Tocqueville venait de paraître. Elle enseignait à Marx qu'« un État peut être un État libre sans que l'homme lui-même soit un homme libre ». Comment les hommes pourraient-ils être libres s'ils étaient encore pris dans les griffes de l'illusion religieuse, même s'ils l'avaient choisie librement ?

Dans un avenir communiste, être libre, c'est être libéré des illusions religieuses et des fausses consolations qu'elle offre.

Marx a écrit que dans la Révolution de 1789, « l'homme n'a pas été libéré de la religion – il a reçu la liberté de religion.

Il n'a pas été libéré de la propriété – il a reçu la liberté de la propriété ». L'hostilité de Marx à l'égard de la tolérance religieuse pendant la Révolution française devait durer toute sa vie. En 1875, six ans avant sa mort, il condamne le programme de Gotha[1] des sociaux-démocrates allemands pour avoir approuvé la tolérance religieuse. Pour lui, il fallait abolir la religion.

Son utopie consistait à surmonter les frictions, à surmonter la guerre de tous contre tous, de race contre race, de religion contre religion, de nation contre nation. Ce que d'autres pouvaient apprécier dans la modernité – la bousculade frénétique des peuples en compétition – le consternait : « Quel spectacle ! Une société infiniment divisée en races les plus diverses qui s'affrontent avec leurs antipathies mesquines, leur mauvaise conscience et leur médiocrité brutale… »

Que Marx ait pu croire qu'une révolution communiste pourrait libérer l'humanité de toute identité nationale ou confessionnelle est assez fascinant.

Qu'elle était l'identité fondamentale de l'être humain ? Le jeune révolutionnaire s'inspira de l'*Essence du christianisme* de Ludwig Feuerbach[2] pour affirmer que le « cœur » de l'être humain était son « être d'espèce », son identité. Pour ce jeune homme vigoureux, profondément amoureux, la relation entre un homme et une femme, nus au lit, était ce moment où deux êtres ressentaient le plus profondément leur appartenance à l'espèce. Jenny et lui avaient fait leur vie ensemble – leur première fille était née pendant leur séjour à Paris – et cette expérience

1. Le programme de Gotha, élaboré en 1875, concerne surtout la classe ouvrière et appelle au suffrage universel, à la liberté d'association, à la limitation de la journée de travail et à d'autres lois protégeant les droits et la santé des travailleurs.
2. Ludwig Feuerbach (1804-1872), philosophe bavarois, disciple puis critique de Hegel et *leader* du courant matérialiste hégélien de gauche.

confirmait, pour tous deux, ce que la philosophie, depuis Aristote, avait enseigné : l'identité essentielle de l'homme était celle de l'*Homo Faber*, une espèce qui crée son propre monde dans son travail, sa consommation du désir, sa famille, son environnement, sa culture, son habitat, son histoire. Le but de leur révolution était de libérer pour tous les hommes et toutes les femmes la créativité qu'ils ressentaient en eux-mêmes.

Pourquoi si peu de travailleurs y ont-ils cru ? Pourquoi les opprimés étaient-ils aveugles à leur propre misère ? Marx a emprunté une métaphore à Rousseau : les hommes ne pouvaient pas voir les chaînes à leurs pieds, parce que les chaînes étaient enveloppées dans des guirlandes de fleurs. Le travail d'un révolutionnaire, disait Marx au début de l'année 1844, consistait à « cueillir les fleurs imaginaires de la chaîne, non pas pour que l'homme continue à porter cette chaîne sans consolation, mais pour qu'il se débarrasse de la chaîne et cueille la fleur, vivante ».

Les fleurs qui cachent les chaînes sont cette « consolation », dont la religion est la principale source. C'est pourquoi, dans le deuxième grand texte qu'il a écrit à Paris, il affirme que « la critique de la religion est la condition préalable de toute critique ». Mettre à nu les illusions de la religion, c'est comprendre pourquoi les hommes ne voient pas les menottes qu'ils ont aux pieds et dans l'esprit.

Jusqu'ici, il ne faisait que répéter les clichés sur la religion qu'il avait hérités de Condorcet et de Hume. Il est significatif que sa critique réinterprète la consolation religieuse non seulement comme une superstition, mais aussi comme une forme aliénée de l'espoir humain. La religion n'est pas simplement un voile d'illusion jeté sur l'oppression humaine. Elle n'est pas simplement « la base universelle de consolation et de justification » d'un monde injuste. Elle était, disait-il, « le soupir de la créature opprimée, le cœur d'un monde sans cœur et l'âme de conditions sans âme ». Oui, c'était « l'opium du peuple », la drogue que les gens prenaient pour supporter le travail, l'accouchement, la souffrance et la mort. C'était aussi « la conscience et l'estime de soi de l'homme qui n'a pas encore réussi à s'imposer à lui-même », l'expression déformée du désir humain de transcendance, de rédemption, de récupération de sa propre humanité perdue.

Marx méprisait les illusions religieuses, mais pas les désirs qu'elles exprimaient. Il reconnaissait également que la foi était une puissante rhétorique de la justice. Lors de la Réforme protestante et de la révolte des paysans de 1525, que Marx et Engels considéraient comme la révolution la plus proche de l'Allemagne, Martin Luther et le radical Thomas Müntzer avaient utilisé les Écritures pour exprimer de puissantes revendications au nom des pauvres et des exclus. Dans l'insurrection protestante contre une Église médiévale corrompue, Luther avait « libéré l'humanité de la religiosité extérieure », concédait Marx. Mais s'il avait libéré le corps de ses entraves, il avait enchaîné le cœur.

Marx est aussi le seul, parmi ses contemporains radicaux, à lire le nouveau langage économique à travers le prisme de sa critique de la religion. De même que l'homme projette ses véritables aspirations dans l'espoir d'une vie après la mort, au-delà de la douleur et du chagrin, de même, dans le travail, les hommes aliènent leur identité créative en tant qu'espèce en vendant leur force de travail : « Plus le travailleur s'investit dans son travail, plus le monde objectif étranger qu'il fait naître contre lui-même devient puissant, plus son monde intérieur s'appauvrit et moins il lui appartient. »

La plupart des travailleurs que Marx a rencontrés n'avaient, en réalité, que peu de sentiments religieux. La religion n'explique donc pas leur soumission. La religion est plutôt la métaphore par laquelle Marx cherche à comprendre pourquoi ils se soumettent au régime du travail salarié. La société capitaliste a créé l'univers du travailleur, et celui-ci a cru ensuite qu'il s'agissait pour lui d'un royaume étranger, inhumain, sur lequel il n'avait aucun contrôle.

Dans un avenir communiste, « personne n'a une sphère d'activité exclusive, mais chacun peut s'accomplir dans n'importe quelle branche souhaitée ». Il serait possible « de chasser le matin, de pêcher l'après-midi, d'élever du bétail le soir, de critiquer après le dîner… sans jamais devenir chasseur, pêcheur, éleveur ou critique ». Il s'agit d'un humanisme dont l'objectif est de rendre à l'homme sa véritable nature, en émancipant ses capacités de « créateur » de son monde. Dans les manuscrits qu'il rédige en 1844, Marx comprend qu'une révolution communiste doit viser rien de moins que « la réintégration ou le retour de l'homme à lui-même, le dépassement de l'égarement de l'homme ».

Dans un passage, triomphant, comme émergeant des profondeurs, il résume toute l'expérience de sa vie : « Le communisme est le dépassement positif de la propriété privée en tant que dépassement de soi, et donc la véritable appropriation de l'essence humaine par et pour l'homme ; c'est la restauration complète de l'homme en tant qu'être social, c'est-à-dire humain, une restauration qui est devenue consciente et qui s'inscrit dans toute la richesse des périodes de développement antérieures. Ce communisme, en tant que naturalisme pleinement développé, équivaut à l'humanisme et, en tant qu'humanisme pleinement développé, équivaut au naturalisme ; c'est la véritable résolution du conflit entre l'homme et la nature, et entre l'homme et l'homme, la véritable résolution du conflit entre l'existence et l'être, entre l'objectivation et l'affirmation de soi, entre la liberté et la nécessité, entre l'individu et l'espèce. Elle est la solution de l'énigme de l'histoire, et se sait la solution. »

S'il y a une énigme dans l'histoire, c'était celle à laquelle Job et les Psaumes avaient tenté de répondre : pourquoi le Dieu parfait que les hommes imaginaient avait-il pu permettre l'injustice dans son monde ? La foi chrétienne disait aux croyants d'accepter ce paradoxe et de vivre dans l'espoir des consolations de l'au-delà. Le *credo* révolutionnaire de Marx est à la base une rébellion contre cette vision chrétienne. Armé désormais d'une théorie de l'histoire qui prédisait la chute de l'ordre existant, Marx croyait vraiment que la recherche d'une consolation était terminée. Une nouvelle ère de liberté était sur le point de s'ouvrir.

Les tisserands de Silésie s'étaient soulevés. Les vignerons de Rhénanie s'agitaient. Au cours de l'été 1845, Engels emmena Marx en Angleterre pour découvrir le nouveau prolétariat industriel de Manchester. Paris bouillonnait de groupes révolutionnaires ; des soulèvements se produisaient en Italie et en Suisse. Même les ennemis de Marx commençaient à le prendre au sérieux, et ses articles polémiques contre l'ancien régime prussien lui valaient une notoriété suffisante pour qu'il soit expulsé de Paris. Le jeune couple s'installa dans la banlieue sud de Bruxelles pour attendre la Révolution…

En décembre 1847, un petit groupe d'artisans britanniques, qui se fait appeler la Ligue des Justes, organise une conférence à Londres, au *Red Lion Pub* de Soho, et demande à Marx et à Engels de préparer leur cri de ralliement. Marx est prêt. Les deux hommes contribuent à transformer les Justes en « Ligue communiste », et lorsque Engels suggère que leur appel soit entendu comme « une confession de foi » ou un catéchisme pour les révolutionnaires, Marx s'oppose : le langage religieux n'a pas sa place dans le socialisme scientifique. Il faut l'appeler « Manifeste ».

Le Manifeste communiste est vite écrit, et Jenny a recopié le texte pour l'imprimeur. La célèbre phrase d'ouverture – sur le spectre du communisme hantant l'Europe – transgressait délibérément la réalité, puisque les vrais communistes en Europe étaient à peine cinq cents. Personne avant, ou même depuis, n'a jamais fait un tel éloge des énergies globalisantes du capitalisme, pour mieux le détruire. Le capitalisme balayait tout le spectre que Marx détestait : la politique nostalgique et rétrograde des artisans radicaux, les pieuses consolations de l'Église, les obscurcissements idéologiques des monarchies européennes, tout ce qui faisait obstacle à l'ascension révolutionnaire du prolétariat : « Toutes les relations figées, congelées, avec leur cortège de préjugés et d'opinions anciennes et vénérables, sont balayées ; toutes les relations nouvellement formées deviennent désuètes avant même d'être ossifiées. Tout ce qui est solide se fond dans l'air [...], et l'homme est enfin contraint de regarder en face ses conditions de vie réelles et ses relations mutuelles d'un œil lucide. » Soudain, dans l'hiver 1847-1848, l'histoire s'accélère. Les révolutionnaires n'ont plus à travailler pour démasquer les illusions. Le capitalisme creusait sa propre tombe, créait ses propres fossoyeurs. Dans les usines et les ateliers que Marx et Engels avaient vus à Manchester, le prolétariat se lèverait et se débarrasserait de ses chaînes. Après que l'éditeur londonien eut imprimé des copies du *Manifeste communiste* en allemand, Jenny et Karl se précipitèrent à Paris pour partager les semaines enivrantes – février 1848 – du soulèvement. Bientôt, sentant que la Révolution était aussi imminente en Allemagne, Marx se rendit à Cologne, avec d'autres exilés allemands, où il édita le *Neue Rheinische Zeitung* (la « Nouvelle Gazette rhénane ») jusqu'au dénouement chaotique de l'année révolutionnaire. Jenny suivit avec les enfants, signant une lettre à un ami, lors de leur voyage, « Jenny, citoyenne et vagabonde ».

Peu d'hommes et de femmes de 1848 ont lu le *Manifeste,* mais il a donné un cadre brillant à une rhétorique d'espoir, d'illusion et de colère, que toute la génération de 1848 allait porter sur les barricades. Pour la première fois de sa vie, Marx semble avoir exprimé les sentiments de millions de personnes, surtout en Allemagne. Richard Wagner, par exemple, musicien de la cour et chef d'orchestre, serviteur du roi de Saxe, fréquentait les clubs artisanaux de Dresde et s'était rallié aux révolutionnaires. On ne sait pas exactement ce qu'il a lu de Marx, mais son essai *Art et Révolution,* publié en 1849, évoque la même analyse et la même utopie: la critique du christianisme, la dénonciation du salariat et du commerce, l'appel à une grande révolution humaine qui libérerait les ouvriers et les artistes de l'esclavage, et ouvrirait une ère nouvelle où l'art serait libre et le monde plus juste.

Pour Marx comme pour Wagner, le moment d'euphorie sera bref. Le soulèvement des ouvriers parisiens est écrasé en juin 1848 et, à la fin de l'année, Paris, Vienne et Berlin sont de nouveau aux mains des anciennes élites. La Ligue communiste est dissoute et la vague révolutionnaire retombe. Comme le disait Marx en observant l'arrivée au pouvoir de Louis Napoléon Bonaparte, l'histoire de la Révolution française se répétait, d'abord comme une tragédie, puis comme une farce. À Dresde, en mai 1849, Richard Wagner assista, depuis un clocher, à l'approche des troupes prussiennes venues éteindre le soulèvement local. Il n'a jamais oublié cette nuit-là : le son de la cloche et le bruit des balles des tireurs d'élite prussiens, tandis qu'il se terrait avec un instituteur derrière un matelas rempli de paille. Wagner, comme Marx, devrait payer ses enthousiasmes révolutionnaires par l'exil. En 1849, il est en Suisse, tandis que Marx et sa famille vivent à Londres dans la misère.

Contrairement à Marx, le compositeur connaîtra la consécration de son vivant, lorsque son cycle de l'*Anneau* sera joué à Bayreuth en Allemagne et que l'on commencera à célébrer son génie. Au lieu d'une révolution politique, Wagner offrait à la génération suivante une révolution artistique, qui a donné à l'opéra et à la musique un vaste projet de rédemption et de consolation.

Marx vivra l'époque capitaliste des années 1850 et 1860, attendant, en vain, la Révolution. Jenny et lui seront journalistes au *New York Daily Tribune*. Leurs articles sont très lus, en particulier par les exilés allemands, réfugiés en Amérique après que leurs espoirs révolutionnaires eurent été anéantis. Le *Tribune* était républicain et antiesclavagiste. Marx, champion si enthousiaste de ces deux causes, écrivit une lettre de félicitations à Abraham Lincoln lors de son élection en 1861, l'appelant « le fils résolu de la classe ouvrière ». Il reçut une réponse polie mais distante, le remerciant pour « les bons vœux des travailleurs d'Europe ».

Les espoirs de Marx d'une révolution européenne se sont brièvement réveillés avec la Commune de Paris en mars 1871, pour être anéantis par la « Semaine sanglante » de mai 1871. Dans les dernières années de sa vie, avec Jenny, il connaîtra la mort d'enfants bien-aimés, la trahison et l'abandon de camarades. Mais, tous deux, soutenus par la générosité d'Engels et par le souvenir de l'espoir qu'ils avaient fait naître à

Paris, feront face. En 1859, Marx publie le premier volume du *Capital*, qu'il n'a jamais achevé, et Engels doit bricoler les autres volumes à partir des notes qu'il avait laissées.

À chaque nouvelle édition du *Manifeste communiste*, Engels et Marx écrivaient une préface pour réaffirmer la foi de leur jeunesse dans les travailleurs « de la Sibérie à la Californie » et leurs espoirs. Ils ont, surtout, espéré dans la classe ouvrière allemande, mais leurs attentes sont à nouveau déçues quand celle-ci accepte l'ordre capitaliste de Bismarck.

Marx ramène Jenny à Paris une dernière fois, alors qu'elle souffre d'un cancer. Ils regardent avec étonnement le Paris qu'Haussmann a construit sur les ruines du Paris « médiéval » qu'ils avaient connu dans les années 1840. Elle meurt quelques mois après cette ultime visite. Dans sa solitude, Marx manifeste une endurance stoïque. Ni ses écrits, ni sa stature, à la tête du mouvement communiste européen, ni sa foi en la Révolution ne l'ont protégé de la douleur d'avoir perdu son épouse. Il avoue à sa fille qu'« il n'y a qu'un seul antidote à la souffrance mentale, c'est la douleur physique ». Il meurt en 1883. Sur sa tombe, au cimetière de Highgate à Londres, Engels prononce son éloge et le présente comme le père de la révolution européenne, comme le créateur d'une science de la société, rivalisant avec Darwin. Seules douze personnes étaient présentes.

Marx ne peut être tenu pour seul responsable de ce que ses « disciples » ont fait de ce qu'il avait exprimé à Paris dans les années 1840. En effet, les zélotes de l'orthodoxie marxiste – Kautsky[1], Lénine et Staline – ne savaient guère ce qu'avaient été ces espoirs. Engels et la famille Marx avaient conservé les

1. Karl Kautsky (1854-1938), politicien et théoricien allemand du marxisme.

carnets de Paris – les autres textes étant laissés à la « critique rongeuse des souris » – et ils ne les ont publiés que dans les années 1930. Dans les années 1960, une nouvelle génération a découvert un Marx humaniste, enfoui sous les détritus honteux du marxisme officiel soviétique.

Aujourd'hui, plus de 170 ans plus tard, sa vision une utopie encore debout, une tentative de concevoir un monde au-delà de l'univers du capitalisme mondial. Dans ce monde imaginaire, nous partagerions équitablement l'abondance des économies avancées, sans gaspillage ni dégradation de l'environnement, sans la division entre travailleurs et propriétaires, sans les haines de classe, de race ou de nation. Dans ce monde, nous vivrions sans politique, sans les discordes concurrentes sur la réalité, sans l'antagonisme de visions rivales du bien. Nous nous gouvernerions nous-mêmes, libres de toute domination. La science aurait prolongé notre durée de vie et vaincu la maladie. Nous mourrions en sachant que nous avions atteint notre durée naturelle. Condorcet avait promis en 1794, et Marx l'a cru aussi, que la science et le savoir nous libéreraient des chagrins du destin.

Son utopie est un monde qui n'a pas besoin de consolation. C'est un monde dans lequel nous n'avons besoin d'aucun argument, d'aucune raison, pour nous satisfaire de la réalité telle qu'elle est. Le réel est rationnel et le rationnel est réel, avait dit un jour Hegel, le maître de Marx. Dans un tel monde, nous pourrions connaître des revers, des surprises et des déceptions, mais nous accepterions d'avoir ce que nous méritons, en paix avec le destin, avec notre existence d'êtres humains.

La vision du couple Karl et Jenny Marx a inspiré des hommes et des femmes qui se sont battus, et sont morts pour elle. Ce fut la tentative la plus soutenue de transcender la religion et de retrouver la consolation par une justice sur Terre. Était-ce vraiment une utopie ? Une meilleure question pourrait être de savoir si un monde au-delà de la consolation est un monde souhaitable.

II.

Guerre et consolation

2e discours d'investiture d'Abraham Lincoln

Ce matin de mars 1865, Abraham Lincoln s'avança sur les marches du Capitole, pour prêter serment et prononcer son second discours d'investiture. Il avait déjà été élu président en novembre 1860. La foule rassemblée – des soldats, des hommes et des femmes ayant bravé la pluie pour se tenir sous un soleil naissant – pouvait s'attendre à ce que son discours célèbre le triomphe des unionistes[1]. Après tout, la victoire était imminente et chacun sentait le poids de la guerre s'alléger. Lincoln se contenta de dire : « Les progrès de nos armes... sont bien connus du public comme de moi-même et sont, je l'espère, satisfaisants et encourageants pour tous. » Si la foule rêvait d'une célébration triomphante, Lincoln n'y répondit pas. Si elle attendait un appel à la vengeance contre les armées confédérées assiégées, il ne l'encouragea

1. La guerre de Sécession est une guerre civile survenue entre 1861 et 1865. Elle oppose le gouvernement fédéral américain, dit « l'Union » ou « le Nord » (dirigé par le président des États-Unis Abraham Lincoln), aux États confédérés d'Amérique, dits « la Confédération » ou « le Sud » (dirigés par le président sudiste Jefferson Davis). La guerre résulte du débat sur l'abolition de l'esclavage, souhaitée par le Nord.

pas. Si elles espéraient un long discours, il n'en fut rien non plus. Le discours, d'à peine sept minutes, laissa son auditoire perplexe et déconcerté. Lincoln cherchait à expliquer pourquoi la guerre avait eu lieu, pourquoi une telle catastrophe avait frappé le Nord comme le Sud. Sa question s'adressait à l'Histoire et à la Providence. C'était une réflexion qu'il avait mûrie depuis longtemps et il jugeait que le moment était venu de l'exprimer à haute voix.

Quatre ans auparavant, lors de sa première investiture, alors que l'Union était au bord de la rupture et que les armées se massaient pour le début de la guerre de Sécession, il avait conclu son discours devant le Capitole par un plaidoyer chargé d'émotion : « J'hésite à conclure. Nous ne sommes pas des ennemis, mais des amis. Nous ne devrions pas être des ennemis. Bien que la passion ait pu être mise à rude épreuve, elle ne doit pas rompre nos liens d'affection. »

Amis et ennemis l'ont ignoré. Après l'attaque de Fort Sumter en Caroline du Sud vinrent quatre années d'effusions de sang et de destructions inimaginables ; des Noirs affranchis qui combattaient pour l'Union furent massacrés à Fort Pillow dans le Tennessee ; les champs de Gettysburg en Pennsylvanie étaient jonchés de cadavres. Dans les poches des morts, les équipes chargées de l'enterrement trouvèrent des exemplaires de la Bible, certains troués de balles.

Lincoln était un président qui portait en lui l'agonie de son peuple. Il visitait les régiments, parlait aux soldats et voyait dans leurs jeunes visages tantôt une innocence radieuse, tantôt un regard éteint. Il savait que des garçons pouvaient devenir fous sous l'effet du bruit, du sang et de la terreur. Chaque semaine, des lettres de mères lui parvenaient, demandant grâce pour leurs fils emprisonnés pour désertion. Décider d'exécuter un déserteur le hantait : « Dois-je fusiller ce simple soldat naïf qui déserte, tout en épargnant un agitateur rusé qui l'a incité à déserter ? » Il en pendit certains, en épargna d'autres, mais chaque décision pesait lourdement sur lui. Il fit exécuter trente-neuf guerriers de Dakota, dans le Minnesota, pour avoir mené une rébellion contre l'Union. Dans ses jugements comme dans les commutations de peine, il exerçait le pouvoir de vie et de mort. Mais ses efforts pour consoler étaient souvent vains. Chaque semaine, il écrivait à des orphelins et à des veuves, conscient que ces lettres atteignaient leurs limites : « Je ressens combien mes mots doivent sembler faibles et inutiles face à un chagrin si accablant. Mais je ne peux m'empêcher de vous offrir la consolation que l'on peut trouver dans la gratitude de la République envers eux parce qu'ils sont morts pour la sauver. »

Jour et nuit, des télégrammes lui parvenaient de ses généraux sur le champ de bataille, portant des nouvelles souvent incomplètes ou désespérées. Il savait que, lorsqu'il les lisait, les événements avaient déjà évolué. Traçant du doigt le progrès des batailles sur les cartes de son bureau, il voyait des erreurs se dérouler devant ses yeux, sans pouvoir les empêcher, malgré ses tentatives. Après la bataille de Gettysburg, il reprocha au général George Meade d'avoir laissé le militaire sudiste Robert Edward Lee s'échapper : « Encore une fois, Mon Cher Général, je ne crois pas que vous mesuriez l'ampleur de la malchance qu'implique la fuite de Lee. Il était à votre portée et si vous l'aviez rattrapé, cela aurait mis fin à la guerre, en liaison avec nos autres succès récents. Dans l'état actuel des choses, la guerre sera prolongée indéfiniment. »

Lincoln comprend, peu à peu, que si la guerre doit être menée, elle doit l'être avec une intensité féroce. Il encourage donc le général Ulysses S. Grant[1], dont l'armée est rassemblée devant Richmond en Virginie, à garder la main sur la gorge de l'ennemi : « Tenez bon avec une poigne de bouledogue, mordez et étranglez autant que possible. » Dans les jours précédant Appomattox[2], alors qu'un certain relâchement était envisageable, il précise à Grant : « Le général Sheridan dit : "Si l'on insiste, je pense que Lee se rendra. Qu'on insiste." »

Quatre années de massacres l'avaient rendu implacable. Lors de son discours d'investiture présidentielle en 1860, il avait plaidé : « Nous ne devrions pas être ennemis. » Ces mots n'étaient plus d'actualité. Le sang versé et l'horreur l'avaient rendu inflexible. Pas de négociations, pas de trêve inutile : seule une victoire totale et complète. À travers cette « épreuve de feu » qui l'avait vieilli et endurci, Lincoln regardait cette guerre fratricide à la lumière de la Bible. L'ampleur des événements l'étonnait. Comment comprendre ? Comment des hommes honnêtes, croyant défendre ce qu'ils chérissaient, pouvaient-ils oublier les « meilleurs anges de leur nature » : « Le sang s'échauffe et le sang est versé. La pensée est contrainte de sortir de ses canaux habituels et de plonger dans la confusion. La tromperie grandit et prospère. La confiance disparaît, et le soupçon universel règne. Chaque homme ressent une impulsion à tuer son voisin, de peur d'être tué le premier. La vengeance et les représailles suivent. »

Si telle était la spirale descendante qui entraînait même les hommes honnêtes dans son tourbillon, comment pourrait-il jamais y avoir un sursaut pour sortir du gouffre ? Les consolations dont disposaient d'autres hommes – Karl Marx et le

1. Ulysses S. Grant (1822-1885), 18e président des États-Unis, célèbre pour avoir commandé les armées unionistes durant la guerre de Sécession.
2. La campagne d'Appomattox, série de batailles survenues entre le 29 mars et le 9 avril 1865. Sa fin symbolise celle de la guerre de Sécession américaine.

marquis de Condorcet – n'étaient pas à la portée de Lincoln. Cela ne faisait pourtant pas de lui un fataliste. Il savait relier les épreuves de son époque à l'histoire de son pays, aux épreuves les plus graves au cours de ses « quatre-vingt-sept ans d'existence[1] ». Il considérait la guerre comme la charnière d'un destin dont l'évolution déterminerait si le « gouvernement du peuple, par le peuple et pour le peuple » prévaudrait. À mesure que la guerre se poursuivait, il comprit qu'« en donnant la liberté à l'esclave, nous assurions la liberté à l'homme libre » et que, ce faisant, nous préservions le « dernier espoir de la Terre ». C'est ce que révélerait l'histoire, espérait-il, mais il n'en a jamais été certain, jusqu'aux derniers mois de son existence.

L'histoire, croyait-il, lui avait donné, ainsi qu'à son pays, une mission, mais son expérience de l'impuissance, dans l'attente des télégrammes, son incapacité d'arrêter la folie, lui ont fait comprendre combien même un président ne pouvait pas faire grand-chose pour maîtriser le déroulement de l'histoire : « Je ne prétends pas avoir contrôlé les événements, mais j'avoue clairement que ce sont les événements qui m'ont contrôlé. Aujourd'hui, au terme de trois années de lutte, la situation de la nation n'est pas celle qu'un parti ou qu'un homme avait imaginée ou attendue. Dieu seul peut la revendiquer. »

Seul dans la nuit, assis dans la salle des télégraphes, une couverture sur les épaules, attendant les derniers messages du champ de bataille, il ne pouvait éviter de chercher une assise religieuse pour réfléchir au sens plus profond de tout cela, comme tous les hommes et les femmes de sa génération. Cela signifiait s'interroger sur les voies de la Providence. « Mort pour une cause sacrée » était la consolation standard, offerte dans chaque église et dans chaque rassemblement à ceux qui

1. Déclaration d'Indépendance des États-Unis le 4 juillet 1776.

avaient perdu des fils au combat. Le « Battle Hymn of the Republic » de Julia Ward Howe, devenu le chant de marche de l'Union, était un appel poignant : « Comme il est mort pour rendre les hommes saints, mourons pour rendre les hommes libres. » Lincoln avait pleuré en l'entendant pour la première fois. Vu l'ampleur du massacre causé par la « terrible épée rapide de Dieu », il s'interrogeait : comment cela pouvait-il être vrai ?

Il savait que, de l'autre côté des lignes de bataille, les soldats confédérés en uniforme gris prêchaient les mêmes vérités pieuses. Une femme du Tennessee, venue le voir pour plaider la cause de son fils prisonnier de l'Union, affirmait que celui-ci était religieux. Il lui avait répondu : « À mon avis, si une religion encourage les gens à se révolter contre leur gouvernement parce qu'ils trouvent qu'il ne partage pas assez les richesses, ce n'est pas une religion fiable pour atteindre des objectifs spirituels élevés. »

Dieu ne pouvait pas favoriser le maintien de l'esclavage, mais Lincoln pouvait-il être certain que Dieu était du côté des hommes libres ? Cette question le hantait depuis longtemps. En 1862, lors de la défaite à la IIe bataille de Bull Run, alors que l'Union était en difficulté, tandis que le général sudiste Lee se rapprochait de Washington, Lincoln eut cette réflexion : « La volonté de Dieu prévaut. Dans de grands conflits, chaque partie prétend agir en conformité avec la volonté de Dieu. Les deux peuvent avoir tort, mais une seule peut avoir raison. Dieu ne peut être pour et contre une même chose en même temps. Dans la guerre civile actuelle, il est tout à fait possible que le but de Dieu soit différent de celui des deux parties, et pourtant les instruments humains, agissant comme ils le font, sont les mieux adaptés pour accomplir Son dessein. Je suis prêt à dire que c'est probablement vrai – que Dieu veut ce conflit, et veut qu'il ne se termine pas encore. Par sa seule puissance silencieuse sur les esprits des compétiteurs actuels, Il aurait pu sauver ou détruire l'Union sans conflit humain. Pourtant, le conflit a commencé. Et ayant commencé, Il pourrait accorder la victoire finale à l'un ou l'autre camp n'importe quel jour. Et pourtant, le conflit continue. »

Alors que les deux camps de la guerre de Sécession sont assurés que Dieu est de leur côté, Lincoln refuse cette consolation. « Je désire ardemment, écrit-il à ses partisans à Chicago, connaître la volonté de la Providence dans cette affaire. Et si je peux apprendre ce qu'elle est, je le ferai. » Il ajoute : « Nous ne sommes pas à l'époque des miracles. »

Son problème n'était pas seulement de connaître les intentions de Dieu. Dans une lettre d'août 1863, interrogé sur le théâtre de Shakespeare, il fait remarquer que s'il aime Hamlet, il préfère la tirade du roi Claudius, « Ô mon offense est infâme » à celle d'Hamlet « être ou ne pas être ». Claudius, seul, accablé de remords, se confesse :

> Prier ; je ne puis ;
> Bien que mon désir soit aussi aigu que ma volonté.
> Ma trop forte culpabilité défait ma forte intention,
> Et, comme un homme tiraillé entre deux devoirs,
> Je reste là, ne sachant par lequel commencer[1].

Un président aussi moralement intègre que Lincoln aurait pu constater que si son inclination à prier était forte, une culpabilité plus forte encore la battait en brèche. Au moment de son second discours d'investiture, il décide que l'unité nationale nécessite une compréhension partagée. Il s'adresse

1. *Hamlet,* acte III, scène III.

aux unionistes et aux confédérés : « Tous redoutaient la guerre, tous cherchaient à l'éviter. Mais l'un des camps était prêt à faire la guerre pour que la nation ne survive pas, et l'autre était prêt à accepter la guerre pour que la nation ne périsse pas. »

Il désignait clairement l'esclavage comme étant « d'une manière ou d'une autre » la cause de la guerre, reconnaissant que des hommes pouvaient mourir sans vraiment comprendre pourquoi. Mais il ne condamna pas uniquement le Sud : il qualifia l'esclavage de péché originel américain, une « offense » commune au Nord et au Sud. Il insista sur le fait que les soldats sudistes « lisaient la même Bible et priaient le même Dieu » que ceux du Nord. Deux ans plus tôt, il avait déclaré qu'aucun homme ne pouvait être qualifié de véritablement religieux s'il utilisait la foi pour justifier l'esclavage. Il citait l'Évangile selon Matthieu, chapitre VII, verset 1 : « Ne jugez point, afin que vous ne soyez point jugés. »

Pour Lincoln, l'enjeu n'était pas simplement de condamner l'esclavage. Il considérait que ni les nordistes, ni les sudistes n'avaient le droit de se déclarer moralement supérieurs, et d'affirmer que Dieu était exclusivement de leur côté dans cette guerre civile. Instinctivement, Lincoln comprenait les liens entre la consolation, le pardon et la réconciliation. Il lui fallait trouver un moyen pour que le Nord pardonne au Sud, pour que le Sud accepte sa défaite, et pour que les deux camps se réconcilient en reconnaissant leurs pertes respectives. C'est ainsi qu'il décrivit l'esclavage comme un péché originel partagé par les deux côtés et qu'il interpréta la guerre civile comme une punition divine pour ce péché : « Il inflige à la fois au Nord et au Sud cette terrible guerre comme le malheur dû à ceux par qui l'offense vient. » Pour éviter que la nation ne s'effondre sous les rancunes et la haine, il fallait reconnaître que la guerre n'était pas une victoire d'un camp contre l'autre mais une catastrophe partagée. La réconciliation devait être ancrée dans cette compréhension commune. À ceux qui doutaient qu'un Dieu juste et miséricordieux ait pu infliger des souffrances aussi terribles, il répondait : « Si Dieu veut que cette guerre continue jusqu'à ce que toute la richesse accumulée par 250 années de travail non rémunéré soit dissipée, et jusqu'à ce que chaque goutte de sang versée par le fouet soit payée par une autre versée par l'épée, comme il a été dit il y a trois mille ans, il faut encore dire que "les jugements du Seigneur sont vrais et justes". » En citant le Psaume XIX, il donnait une autorité scripturaire à son argument : le sens ultime de la guerre dépassait la compréhension humaine. Les vainqueurs ne pouvaient interpréter leur victoire comme une récompense divine, pas plus que les vaincus ne pouvaient voir leur défaite comme une punition divine. Cette humilité face aux mystères de Dieu ouvrait la voie à la miséricorde et à la magnanimité. Lincoln exhortait à « panser les plaies de la nation » et à « prendre soin de celui qui a combattu, ainsi que de la veuve et de l'orphelin », avec « malveillance envers personne, avec charité pour tous ».

À peine quarante et un jours après ce discours, Lincoln fut assassiné le 15 avril 1865 par un sympathisant confédéré. Ses espoirs pour une reconstruction magnanime furent anéantis. Les espoirs des hommes et des femmes noirs pour une véritable liberté furent trahis et, plus de 150 ans plus tard, les blessures de cette guerre restent ouvertes.

Ce qui a aidé Lincoln, c'est sa foi inébranlable, et la ténacité avec laquelle il s'est appuyé sur les traditions dont il avait hérité – les Évangiles et les Psaumes – pour offrir des perspectives et des enseignements justes.

Quelle consolation pouvons-nous trouver dans le destin de Lincoln ? Que nous ne sommes pas condamnés à vivre enfermés dans la rhétorique, la folie et la tromperie du présent. Nous pouvons nous tourner vers Lincoln, vers Matthieu, vers les Psaumes, ou vers toute la sagesse des traditions bibliques pour redécouvrir qui nous sommes, où nous sommes, ce que nous devons accepter, et ce que nous ne devons pas accepter.

12.

Chants sur la mort des enfants

Gustav Mahler

En 1804, à Vienne, une pianiste de vingt-trois ans, Dorothea von Ertmann, perd son unique enfant, un garçon de trois ans, à la suite d'une maladie fulgurante. Selon ses propres dires, elle tomba dans une profonde dépression. On lui rend visite, on tente de la réconforter, en vain. Cette jeune femme issue d'une bonne famille était arrivée avec son mari et son enfant en bas âge à Vienne deux ans auparavant et, grâce à ses concerts dans des salons privés, avait fait la connaissance de Ludwig van Beethoven. Lorsqu'il apprit sa dépression, Beethoven alla la voir, il se mit au piano, et il déclara, selon le récit de Felix Mendelssohn[1], qu'ils allaient désormais se parler dans la langue de la musique. Beethoven improvisa pendant une heure, et Dorothea se mit à pleurer, pour la première fois depuis longtemps. Beethoven, ayant terminé de jouer, se leva, baisa la main de Dorothea, et, sans dire un mot, s'en alla. Dorothea consigna ses propres

1. Jakob Ludwig Felix Mendelssohn Bartholdy, dit Felix (1809-1847), compositeur, chef d'orchestre et pianiste allemand du début de la période romantique.

sentiments, peu de temps après, dans une lettre : « Comment décrire cette musique ! Je croyais entendre des chœurs angéliques célébrer l'entrée de mon pauvre enfant dans le monde de la lumière. »

La musique sacrée – chorales, hymnes, oratorios, messes – a consolé les hommes et les femmes en deuil pendant des millénaires. Ici, un événement purement profane – un homme improvisant sur un piano – a assumé le rôle habituellement dévolu à la musique religieuse et au rituel. Deux musiciens ont fait confiance au langage de la musique pour évoquer ce monde de lumière. Mendelssohn, Beethoven et les compositeurs romantiques du XIXe siècle allaient introduire la musique dans un monde séculier.

Cette évolution était déjà en cours depuis un certain temps. Le *Messie* de Haendel, qui s'ouvre sur des paroles du prophète juif Isaïe – « Consolez, mon peuple », – a repris le message de la consolation et l'a interprété non pas dans une église, mais dans un auditorium de Dublin en 1744, à l'occasion d'un concert de bienfaisance pour des musiciens et pour des chanteurs à la retraite. Le *Requiem* de Mozart, écrit en 1791, laissé inachevé à sa mort, a été joué pour la première fois après sa disparition lors d'un concert de bienfaisance pour sa femme. Beethoven, Verdi et Brahms ont également composé des requiem et les ont fait jouer dans des salles de concert. Dans son *Requiem,* Brahms exprime son chagrin après la mort de sa mère ; dans le *Requiem* de Verdi, il s'agit de la mort d'un ami, l'écrivain Alessandro Manzoni. Dvořák, fervent catholique, est resté plus proche du sacré. Son *Stabat Mater* de 1876 pleure la mort de deux de ses enfants. Dans *Parsifal,* Wagner, n'a tenu aucun compte des formes religieuses traditionnelles et transforme la souffrance et la rédemption chrétiennes en un spectacle moderne, joué dans la salle des fêtes de Bayreuth. *Parsifal* dégoûta l'ancien admirateur de Wagner, Friedrich Nietzsche[1], qui insista sur le fait qu'en mettant en musique le langage christique de la consolation, Wagner avait capitulé devant la « morale d'esclave » du christianisme et sa résignation pleine de ressentiment face à la souffrance humaine. La seule consolation digne de respect, disait Nietzsche, était de croire qu'aucune consolation n'était possible.

Celui qui a hérité de ce débat sur la relation entre musique et consolation, et qui l'a transformé, est le fils d'un aubergiste juif d'Iglau, une petite ville de Moravie, dans les pays tchèques. À quinze ans, il s'était échappé d'une famille marquée par la violence pour construire son avenir en étudiant la musique à Vienne. Il y mit toutes les ambitions d'un étranger : provincial, juif et pauvre.

Mahler partageait avec Wagner la conviction que la musique devait donner un sens à la vie. Ils ont cherché à développer une forme musicale qui permette de s'ouvrir au transcendantal et au sublime. « La musique doit toujours contenir une aspiration, disait Mahler à une amie, une aspiration à ce qui est au-delà des choses de ce monde. » Pour Mahler, comme pour Wagner, la musique se devait d'apporter des réponses à des questions aussi anciennes que celles de Job. Dans l'une de ses lettres, il écrit : « Pourquoi vis-tu ? Pourquoi souffrez-vous ? S'agit-il d'une vaste et terrifiante plaisanterie ? Nous devons répondre à ces questions si nous voulons continuer à vivre. »

Il associait ce désir de consolation métaphysique à un réalisme troublant, composait de la musique qui ravivait des

1. Friedrich Wilhelm Nietzsche (1844-1900), philosophe, philologue, compositeur et écrivain allemand.

fragments de son enfance malheureuse. Dans sa première symphonie, le public viennois de l'époque fut déconcerté d'entendre le son mélodieux et chaloupé d'une chanson enfantine – « Frère Jacques » – brisé par les cors d'une fanfare de village. Ce n'est que plus tard que cette symphonie fut comprise comme un retour sur son enfance, quand le cercueil d'un de ses frères avait été abandonné devant la porte de la taverne de son père…

Huit de ses frères et sœurs étaient morts en bas âge, et lorsque Ernst, le plus jeune, tomba malade au printemps 1875, il était à son chevet pour le distraire en inventant des histoires. Après la mort d'Ernst, Gustav quitta Iglau. Il n'y revint que pour réciter le Kaddish sur la tombe de son père. Il gardait en mémoire ce jour où, à cinq ou six ans, il s'était précipité hors de la taverne pour échapper aux cris de son père et aux larmes de sa mère, et qu'il tomba sur un joueur d'orgue de barbarie qui entonnait la vieille chanson viennoise « *Ach du lieber Augustin* ». Il raconta, en août 1910, cette scène à Sigmund Freud alors qu'ils arpentaient les canaux de Leyde. Il voulait le conseil de Freud au sujet de son mariage, en crise. Ce souvenir d'enfance, dit-il à Freud, lui avait fait comprendre, lorsqu'il composait, pourquoi il entrecoupait les passages d'une grande tristesse par des notes soudaines de légèreté discordante. C'était comme s'il ne pouvait empêcher les orgues de Barbarie de faire irruption ! C'est pourquoi, confia-t-il à Freud, le public viennois n'a jamais aimé sa musique. Il l'aimera quand il comprendra que c'était précisément ce que Mahler apportait de nouveau : la fusion d'impulsions personnelles et autobiographiques avec des ambitions grandioses, et essentiellement religieuses.

Sa deuxième symphonie, écrite à la fin des années 1890, recrée l'expérience récurrente de Mahler en matière de désespoir et de guérison psychiques. La musique, d'une grande ampleur, est d'une résonance intime. Mahler a combiné paroles et musique dans une forme symphonique qui met les effets orchestraux dramatiques au service de l'intensité solitaire de la voix humaine. D'ailleurs, il écrira lui-même des paroles pour mezzo-soprano afin d'exprimer son combat pour croire en lui, et en sa vocation :

O glaube
Du wardst nicht umsonst geboren!
Hast nicht umsonst gelebt, gelitten!

Ô crois !
Tu n'es pas né pour rien !
Tu n'as pas vécu, souffert pour rien !

Si Mahler a, dans ses œuvres, conservé des ambiances religieuses, son regard sur la doctrine, sur la vision chrétienne du Paradis, sur la consolation, était ironique. Juif, il ne pouvait ignorer sa judéité, les Juifs ayant longtemps été exclus des postes clés de la vie culturelle viennoise. Il s'était converti au catholicisme pour obtenir son poste de directeur de l'opéra de Vienne et faire avancer sa carrière.

Ce n'était pas une conversion venant du cœur. Son sentiment d'isolement et d'exclusion en tant que Juif n'a jamais disparu. C'est dans sa quatrième symphonie, composée au bord d'un lac de Carinthie en Autriche, pendant l'été 1901, qu'il a traité le plus longuement du Paradis. Dans le dernier mouvement, il met en musique « La vie céleste », un poème populaire traditionnel qu'il a trouvé dans *Des Knaben Wunderhorn* (Le jeune garçon merveilleux), édité en 1809 par Clemens Brentano et Achim von Arnim, deux membres du cercle de Goethe à Weimar. « La vie céleste » est une vision du Paradis tout droit sortie de Brueghel[1] : le point de vue innocent d'un petit paysan aux yeux écarquillés, une histoire à la fois joyeuse et désinvolte où les saints découpent de petits agneaux pour que les âmes les mangent :

> Jean laisse sortir l'agneau
> Et Hérode le boucher l'attend.
> Nous menons à la mort un petit agneau patient et innocent.
> Saint Luc égorge les bœufs sans se soucier de rien.
> Le vin ne coûte pas un sou dans les cellules célestes ;
> Les anges cuisent le pain.

La quatrième symphonie se termine dans le calme d'un après-midi d'été, en montrant lucidement que ce paradis paysan n'est qu'imaginaire, hors de portée.

Si le Paradis rêvé par le petit paysan d'Arnim et de Brentano, si le seul paradis envisageable pour les humains se limitait à un bref instant sur Terre, comme un après-midi d'été, comment les hommes et les femmes de son époque pouvaient-ils affronter la mort et la perte ? Comment pouvaient-ils supporter ces épreuves ?

La musique et l'art religieux avaient accordé à la *Mater dolorosa* une place privilégiée dans leur rhétorique du réconfort. Le père ou le frère en deuil étaient moins souvent représentés, et c'était là un sujet qui tenait à cœur à Mahler. Entre 1901 et 1904, il compose cinq chants pour voix d'homme et orchestre, inspirés des poèmes qu'un jeune professeur allemand, Friedrich Rückert, avait écrits soixante-dix ans auparavant, après la mort de ses deux enfants, emportés par la scarlatine. Alma, la fiancée de Mahler, pensait qu'il tentait le destin en choisissant un tel sujet, mais il s'agissait, après

1. Pieter Brueghel ou Bruegel, dit l'Ancien (1525-1569), peintre-graveur brabançon.

tout, d'un terrain qu'il ne connaissait que trop bien. Mahler a surtout montré sa maîtrise des *Lieder* allemands en utilisant des nuances musicales pour ajouter une dimension émotionnelle aux mots simples. C'est particulièrement le cas avec les poèmes de Rückert sur le chagrin d'un père. Mahler en a choisi cinq parmi plusieurs centaines, et les a replacés dans une séquence narrative, imaginant ce qu'un père ressentirait en passant de l'incrédulité au chagrin, puis au regret, enfin à l'acceptation. La quatrième chanson est celle de l'incrédulité :

> Je me dis souvent qu'ils viennent juste de sortir et qu'ils vont rentrer à la maison.
> La journée est belle, ne sois pas consterné.
> Ils sont juste partis pour une longue promenade.

La deuxième donne une forme musicale à l'émotion brute d'un père endeuillé, accablé par une culpabilité qu'il sait inefficace, car il ne peut ressusciter ses enfants :

> Par ce temps, dans cette tempête
> Je n'aurais jamais dû laisser les enfants sortir
> J'avais peur qu'ils meurent le lendemain.
> Maintenant, l'anxiété ne sert à rien
> Par ce temps, dans cette tempête…

Cependant, elle se termine de façon apaisante, les dernières mesures flottant dans le silence. Mahler parvient à transmettre une forme de consolation émotionnelle : le père, ayant surmonté sa culpabilité, imagine ses enfants, désormais en paix, à l'abri de toute tempête, protégés par la main de Dieu :

> Ils se reposent comme dans la maison de leur mère.
> Aucune tempête ne les effraie.

Abrités par la main de Dieu.
Ils se reposent, ils se reposent.
Comme dans la maison de leur mère.

La philosophe Martha Nussbaum entend la musique du dernier *Kindertotenlied* (Chant sur la mort des enfants) de manière très différente. Elle transmet, écrit-elle, « le sommeil non pas du confort mais du néant… » La « connaissance de l'impossibilité de tout amour, de tout effort de réparation ». Mahler veut dire, soutient-elle, « que le monde du cœur est mort ». Elle semble ne pas ressentir la douceur des dernières mesures. Après avoir transmis toute l'intensité de l'incrédulité, de la culpabilité et du chagrin dans les quatre chants précédents, la musique gagne son droit de consoler, dans les dernières mesures de la dernière chanson.

Mahler savait de quoi parlait sa musique. Évoquant ses impulsions autobiographiques, il déclarait à un ami : « Je ne compose que lorsque je vis et je ne vis que lorsque je compose. » Ces souvenirs étaient si prégnants qu'il doutait de pouvoir convaincre qui que ce soit, confessant qu'il n'avait aucune idée de qui pourrait réellement supporter de les entendre. Tout ce qu'il savait, c'est qu'il avait mis en musique la vérité de ses souvenirs douloureux.

Les *Lieder* se révèlent être un tournant artistique, car ils parviennent à créer une forme symphonique dépouillée, combinant le pouvoir des mots à la puissance d'un orchestre d'une manière qui s'est avérée populaire. Le succès aurait pu suffire à Mahler. Mais il est également possible que son œuvre lui ait permis de faire la paix avec ses souvenirs. Une paix, malheureusement, de courte durée. Lorsqu'il écrivit le premier des *Kindertotenlieder*, il était un célibataire de quarante et un an ; lorsqu'il écrivit le dernier en 1904, il était marié à Alma depuis trois ans, et père d'une fille qu'il adorait, nommée Marie en mémoire de sa mère. Trois ans plus tard, en 1907, il quitte l'opéra de Vienne, épuisé par les batailles professionnelles en tant qu'administrateur en chef de la maison, et par son perfectionnisme obsédant comme chef d'orchestre, avant d'être frappé d'un malheur qui allait changer sa vie pour toujours.

Au milieu de l'été, sa fille fut atteinte de la même fièvre scarlatine que celle qui avait emporté les enfants de Rückert. Le combat de la petite Marie fut effroyable et long. Gustav et Alma ne se remettront jamais de sa mort. Mahler confia à Guido Adler, son vieil ami de l'époque d'Iglau et professeur de musicologie à Vienne, qu'après la perte de sa fille, « il n'aurait plus été capable d'écrire ses *Lieder* ».

La musique lui avait permis de surmonter la perte de ses frères et sœurs un quart de siècle plus tôt et l'avait aidé à consoler les autres. Si, après la mort de Marie, son travail de composition, sa direction d'orchestre et son élaboration d'un répertoire lui ont offert un répit, sa musique allait changer. Il aurait désormais cette conscience douloureuse que la joie était éphémère et révocable. Mahler n'a plus jamais évoqué la mort de sa fille, mais son chagrin s'exprimera dans le sombre Adagio de sa VIe Symphonie composée en 1907, et dans l'*Abschied*, le mouvement final de *Das Lied von der Erde,* composé en 1908. Pour ce dernier morceau, il met en musique un poème chinois de regret et d'adieu :

> Tous les désirs se transforment en rêves, les mortels fatigués rentrent chez eux,
> Pour retrouver dans le sommeil
> Le bonheur et la jeunesse oubliés.

Les oiseaux se blottissent silencieusement sur leurs branches,
Le monde s'endort.

Comme dans la dernière chanson des *Kindertotenlieder,* il utilise une ligne musicale éthérée et flottante, d'une mélancolie obsédante :

Où vais-je ?
Je vais dans les montagnes, je cherche la paix pour mon cœur solitaire.
Je me dirige vers ma maison, mon lieu de repos !
Je n'errerai plus jamais à l'étranger.
Mon cœur est tranquille et attend son heure !
Partout, la chère terre fleurit au printemps et reverdit !
Partout et pour toujours, le lointain brille d'un éclat bleu et lumineux !
Pour toujours… Pour toujours…

Alors que le chanteur murmure « pour toujours, pour toujours », la musique quitte le monde de la douleur et du regret pour un monde de sons chatoyants qui s'évanouissent très lentement dans le silence. Mahler nous conduit à la lisière du silence, comme pour marquer l'endroit où le travail de consolation doit prendre fin, et où nous devons trouver, nous-même, notre chemin.

Aujourd'hui, la consolation a largement disparu du vocabulaire moderne ; la musique a d'autres tâches à accomplir. La perte et le chagrin peuvent, désormais, être considérés comme des maladies dont nous pouvons nous remettre. Cette évolution, qui a commencé à Vienne à l'époque de Mahler, a été baptisée « le triomphe de la thérapie ».

Quand Mahler demanda conseil à Freud, en août 1910, il s'agissait d'une rencontre entre deux maîtres du langage de l'émotion. Freud avait donné forme à la cure par la parole, avec ses prétentions à la science, son hostilité à la consolation religieuse. Il croyait que le chagrin, la névrose, l'anxiété et la tristesse pourraient être guéris par la parole. Mahler, un maître du langage hérité de Beethoven et de Wagner, était maintenant dans un état d'esprit désespéré, tourmenté par l'infidélité de sa femme, incapable de terminer sa Xe Symphonie, poussé à gribouiller sur sa partition « Mon Dieu, pourquoi m'as-tu abandonné ? », des mots de désolation aussi vieux que les Psaumes. Ils se sont retrouvés pour déjeuner, puis ont marché sur les canaux pendant quatre heures : deux Juifs de Moravie, l'un ayant besoin d'être rassuré et réconforté par la nouvelle science de l'esprit, l'autre cherchant à tirer parti d'une rencontre avec une célébrité qui, espérait-il, rehausserait le prestige d'une discipline encore aux prises avec les limites de la respectabilité médicale. Toutefois, Mahler n'a pas passé de séances sur le divan. Peut-être craignait-il qu'une cure ne fasse disparaître les tensions qui animaient son art. En tout état de cause, il n'en avait pas le temps : sa maladie cardiaque avait été diagnostiquée et il pensait être au bord de la tombe. Il était certainement désespéré. Freud le rassura en lui disant qu'Alma ne le quitterait pas. Mahler se remit au travail, réconforté, et Freud repartit impressionné par l'étonnante rapidité avec laquelle Mahler avait compris le langage de la psychanalyse, et accepté de revenir aux scènes primitives d'Iglau. Mahler rasséréné, se remit à la direction d'orchestre, cette fois à New York, mais il n'acheva jamais sa Xe Symphonie. Son état cardiaque se détériorait et, en 1911, il retourna à Vienne pour y mourir. Il choisit d'être enterré au cimetière de Grinzing, à côté de sa fille Marie.

Quelques jours après sa mort, Freud présenta à la succession de Mahler une facture pour ses services. Un geste insensible ou vulgaire, pourrait-on penser. C'était sa façon, par le biais d'honoraires, de dire que la rencontre à Leyde avait été une consultation médicale et qu'elle devait être reconnue comme telle.

Freud admettra, bien plus tard, qu'il n'avait pas réussi à creuser plus qu'un tunnel sous l'édifice de la névrose de Mahler. Un édifice fait de chagrin, de mémoire, d'espoir, et d'où était née la musique. Le tunnel de Freud ne s'est jamais approché des sources de cette immense consolation que l'œuvre de Mahler apporte, depuis lors, à ceux qui, en l'écoutant, se disent : voilà quelqu'un qui comprend ce que je ressens, quelqu'un qui comprend cette solitude, ce désespoir, ce chagrin, ou cette exaltation qui pourraient bientôt se transformer en silence. La psychanalyse promettait de remplacer les consolations de la religion par la connaissance de soi, mais même son « inventeur », Freud, devait avouer ses limites. Lorsque sa fille est emportée par l'épidémie de grippe[1] en 1920, Freud avouera à un ami que cette perte l'a laissé sans défense et seul. La psychanalyse l'a aidé à comprendre le choc, pas à le supporter : « Comme je suis le plus convaincu des incroyants, je n'ai personne à accuser et je sais qu'il n'y a pas d'endroit où l'on puisse porter une accusation [mais] tout au fond de moi, je ressens le sentiment d'une profonde blessure narcissique dont je ne me remettrai pas. »

L'importance de la musique en tant que consolation ne devait cesser de croître, à une époque où l'on soigne le chagrin, où l'on traite la douleur comme une maladie. Il y a quelque chose d'inexprimable, dans les moments de chagrin et de désespoir, que seule la musique semble exprimer. Les musicologues

1. La grippe espagnole, survenue entre 1918 et 1920, a tué plus de 100 millions de personnes dans le monde.

ont parlé de « l'intentionnalité flottante » de la musique, c'est-à-dire qu'elle parlerait de quelque chose mais résisterait à l'idée d'identifier, précisément, ce quelque chose. Elle nous invite à creuser nos sentiments, à comprendre nos émotions, ce qui est au cœur de la consolation.

La musique ne peut avoir cet effet que lorsque nous sommes prêts à l'accueillir. Dans la première phase de détresse, il se peut que nous ne nous tournions pas vers elle. Une personne qui souffre peut ne pas avoir de temps à consacrer à la beauté, au son, à quoi que ce soit. La musique peut aider, quand vous êtes au concert, et que vous êtes emporté. Les souvenirs reviennent, non plus insupportables, mais si forts que vous cachez vos larmes, et c'est alors que la musique vous libère et que la consolation affleure. En vérité, la consolation peut être l'œuvre de toute une vie. Un musicien que je connais a perdu sa propre fille dans un accident tragique, il y a de nombreuses années. Quand je lui ai demandé comment il avait réagi à la mort de sa fille, il m'a répondu qu'il avait continué à travailler. Que faire d'autre ? Que pensait-il des décennies plus tard ? « Je pense que ma fille n'a pas connu la souffrance. Sa vie a été complète, pleine. Elle l'a vécue. Le reste lui a été épargné. »

Au lieu de se lamenter sur une vie écourtée, il avait appris, après de nombreuses années, à considérer le séjour sur Terre de sa fille de huit ans comme une vie pleinement vécue et, qui plus est, épargnée par certains des chagrins qu'il avait lui-même subis. Y avait-il, lui ai-je aussi demandé, une musique qui l'avait consolé ? Il eut du mal à répondre et finit par choisir le trio final de *Der Rosenkavalier* de Richard Strauss, cette envolée mélancolique où la Marschallin accepte son propre vieillissement, la fin de l'amour, et le triomphe de sa jeune rivale. Mon ami musicien n'a pas mentionné les *Kindertotenlieder.* Mais il a ajouté que, pas un seul instant, il n'avait oublié sa fille, et qu'il considérait cela comme une victoire. Chaque soir, sur le point de jouer, alors qu'il se tenait dans les coulisses, elle était là avec lui, une présence, un esprit, juste là, visible par personne d'autre que lui, une enfant qui le regardait silencieusement s'avancer sur la scène éclairée.

13.

L'appel

Max Weber et l'Éthique protestante

En juin 1903, un professeur allemand de trente-neuf ans, voyageant seul, s'arrête pour visiter l'incomparable collection d'art hollandais du musée Mauritshuis (la maison de Maurice) à La Haye. Il se remet d'une dépression qui l'a contraint à abandonner son travail et son poste de professeur, cinq ans plus tôt. Alors qu'il se promenait dans le musée, *Saül et David*[1] de Rembrandt attira son attention. Le tableau s'inspire du premier livre de Samuel, chapitre XIX, versets 9-10 : « Un mauvais esprit envoyé par le Seigneur vint sur Saül, alors qu'il était assis dans sa maison. Il tenait sa lance à la main, et David jouait de son instrument. Saül chercha à clouer David au mur avec sa lance, mais David esquiva le coup de Saül, qui ficha sa lance dans le mur. David prit la fuite et fut sauvé cette nuit-là. »

Sur la toile de Rembrandt, le visage du roi Saül apparaît de profil, à moitié dissimulé par un épais rideau. Derrière, l'obscurité symbolise peut-être son état d'esprit. Il essuie des larmes.

1. Ce tableau a été réalisé dans les années 1650.

David, concentré sur les cordes de sa lyre, continue de jouer sans regarder le roi. Ce dernier détourne le regard, consumé par la jalousie qu'il éprouve envers David. Il est furieux des exploits de son protégé qui, à présent, joue pour tenter d'apaiser sa colère. Mais la musique échoue à le réconforter.

Max Weber[1] a envoyé à Marianne, sa femme, une reproduction du tableau sous forme de carte postale, laquelle, précisa-t-il, ne rendait pas justice au tableau : « Le seul œil du roi que l'on peut voir – il cache le reste de son visage en pleurant – nous raconte de manière presque affreuse comment il avait espéré que le jeu de la harpe lui ferait oublier que les choses allaient mal pour lui et comment cet espoir n'a pas été exaucé. » Et il ajoute que c'est encore plus émouvant si l'on tient compte de la situation de Rembrandt dans la décennie 1650. Après la mort de sa femme Saskia, ses biens et ses tableaux furent vendus et, ruiné, il vivait dans la solitude, avec son fils et sa fidèle servante et amante Hendrickje, sentant venir la vieillesse à 45-50 ans. Marianne avait conservé la carte postale et l'avait mentionnée dans la biographie qu'elle écrivit de son mari après sa mort. Ce souvenir était un rayon de lumière dans les ténèbres de son esprit. Max Weber se reconnaissait dans le courage d'un Rembrandt qui continuait à peindre malgré le poids de l'âge, les échecs et la solitude. Il comprenait aussi l'angoisse du roi Saül, partagé entre les larmes et l'élan irrésistible qui le poussait au meurtre. Rembrandt, expliquait-il à Marianne, avait capturé, sans indulgence, l'essence de la dépression : aspirer au réconfort, à la consolation, tout en les croyant inaccessibles, entendre la musique tout en se sentant sourd à sa beauté, et ressentir à la fois des larmes de remords et une rage dévastatrice. David n'était pas le fils de Saül, bien

1. Max Weber (1864-1920), économiste et sociologue allemand.

sûr, mais, il existait une dimension filiale dans la relation de David avec le roi et sa famille.

Ces éléments, à peine perceptibles derrière l'image tendue capturée par Rembrandt, devaient avoir des résonances douloureuses pour Max Weber, encore marqué par une querelle traumatisante avec son père. En 1898, après des années de conflits, il avait interdit à son père de lui rendre visite, afin de pouvoir recevoir sa mère, seule. Son père, bravant l'interdiction, s'était tout de même présenté, et son fils l'avait chassé. Le père repartit furieux et quelques semaines plus tard, il mourut, seul. Weber ne se le pardonna jamais.

Dans sa carte postale à Marianne, en exprimant sa sympathie pour l'angoisse de Saül, il comprend, peut-être pour la première fois, la colère de son père. À moins qu'il ne s'identifie à David ? Saül n'avait-il pas été poussé à une rage meurtrière par la jalousie, exacerbée par les moqueries des femmes de sa cour qui chantaient qu'il avait tué « … ses milliers [de soldats], et David, ses myriades[1] ? » Le père de Weber n'avait-il pas ressenti de la jalousie envers son fils, qui usurpait sa place de favori auprès de son épouse ? Bien qu'il eût été parmi les plus brillant de sa génération, au sein d'une université renommée, Weber s'est effondré après la mort de son père. Pendant cinq ans, il a connu une existence agitée, une insupportable angoisse. Il était incapable de travailler. Toute créativité lui semblait hors de portée. Il ne pouvait ni lire, ni préparer des conférences et ni les donner. Sa femme déconcertée par sa maladie pensait qu'il manquait de volonté ou de force de caractère pour se maîtriser. Pourtant il essayait d'expliquer : « L'incapacité de

1. Dans la Bible, il est fait mention du chant des femmes d'Israël qui louaient Saül et David après leurs victoires militaires. Dans le premier livre de Samuel (I Samuel 18:7), les femmes chantaient : « Saül a tué ses milliers et David, ses myriades. »

parler est purement physique, les nerfs lâchent et quand je regarde mes notes de cours, je ne peux tout simplement pas les comprendre. »

Il avait été un formidable conférencier, au point que certains de ses auditeurs prédisaient qu'il était destiné à une carrière politique. Maintenant, il n'était plus qu'un invalide, traînant les pieds, ne supportant pas le bruit ou la compagnie, incapable de dormir et si faible, selon Marianne, qu'il ne pouvait même pas décorer un arbre de Noël. Après plusieurs années dans un sanatorium, son seul moyen de tenir ses démons à distance fut de voyager : Italie, Espagne, Portugal, Pays Bas… Son existence vagabonde se calquait ironiquement sur celle de son père, un dilettante complaisant. C'est du moins ainsi que le fils l'avait vu. Maintenant que les sources éthiques de son travail s'étaient soudainement taries, Weber se voyait en une parodie d'un père qu'il avait à la fois aimé et méprisé.

Après son voyage à La Haye, il commence lentement à se rétablir. Il se remet à écrire, en se concentrant sur un sujet qui lui semble évident : le travail avait été son but dans la vie en tant que jeune professeur, pourquoi était-ce maintenant une torture ? Il ne voulait pas s'épancher dans une autobiographie ou dans des « mémoires personnelles ». Werner Sombart, un de ses rivaux universitaires, lui demanda un jour s'il pensait écrire un livre autobiographique ou « personnel ». Weber répondit : « Vous voulez écrire des livres personnels ? Je suis convaincu que la vraie personnalité d'un auteur se révèle seulement quand il ne cherche pas à être personnel, quand il se cache derrière son livre et son objectivité, comme l'ont fait tous les grands maîtres. Lorsque l'on cherche à être personnel, on finit presque toujours par écrire quelque chose de stéréotypé. »

De 1903 à 1905, toujours en convalescence, Weber se lance dans la lecture d'une traduction allemande de la Bible par

Luther, et des écrits de Benjamin Franklin, Richard Baxter, Jean Calvin, John Knox, les architectes intellectuels de la révolution protestante. Sa mère, qu'il adorait, était protestante et bien qu'il ne fût pas croyant, il savait à quel point cette religion l'avait façonné. De là venait son ascétisme punitif, c'était ce qu'il fallait rompre. L'essai qui en résulta mit fin à sept années de silence. Cet examen libérateur de sa propre *psyché, L'Éthique protestante et l'esprit du capitalisme,* publié en 1905, s'avéra être l'œuvre la plus influente qu'il ait jamais écrite.

Cet essai a lancé un débat, jamais interrompu depuis, sur le rôle du protestantisme dans la longue hégémonie de l'Occident capitaliste sur le reste du monde. Ce débat n'était pas l'essentiel principal pour Weber. Il se concentrait sur le mot *Beruf,* le mot que Martin Luther, dans sa traduction de Proverbes 22:29, avait utilisé pour traduire « travail », « métier », « tâche », « ouvrage » : « Vois-tu un homme habile dans son ouvrage ? Il peut se présenter devant les rois. » Au lieu de citer la Genèse qui décrit le travail comme la malédiction d'Adam après son expulsion du jardin, Luther a choisi de citer les Proverbes, en mettant l'accent sur l'association entre travail, dignité et fierté. Dans le mot *Beruf* se trouve le verbe *rufen,* qui signifie « appeler ». En utilisant ce mot, il a transformé la conception protestante du travail, qui est passée d'une malédiction à une vocation. Selon Luther, les hommes étaient appelés par Dieu à une vocation dans laquelle, par leurs compétences et leurs efforts, ils se montraient dignes de la grâce de Dieu. Cette vision du travail n'a pas seulement levé la malédiction d'Adam, elle a aussi transformé le monde d'un lieu d'exil en un royaume dans lequel l'homme peut se construire une maison et gagner son salut. Weber résume ainsi sa compréhension de l'éthique protestante : « Ce n'est que dans l'éthique protestante de la vocation que le monde, malgré toutes ses imperfections créatives, possède une signification unique et religieuse en tant qu'objet à travers lequel l'homme remplit ses devoirs par un comportement rationnel selon la volonté d'un Dieu transcendantal. »

Pour Weber, la vision finale de John Milton[1] d'Adam et d'Ève sortant ensemble du Paradis, ni bannis ni honteux, mais prenant possession d'un monde entièrement nouveau, exprimait l'espoir qui était au cœur de la foi protestante :

> Ils regardèrent derrière eux, et virent toute la partie orientale du Paradis, naguère leur heureux séjour, ondulée par le brandon flambant :
> La porte était obstruée de figures redoutables et d'armes ardentes.
> Ils laissèrent tomber quelques naturelles larmes, qu'ils essuyèrent vite.
> Le monde entier était devant eux, pour y choisir le lieu de leur repos, et la Providence était leur guide.
> Main en main, à pas incertains et lents, ils prirent à travers Éden leur chemin solitaire.

Ces lignes de Milton expriment une confiance sereine dans la vocation humaine, dans notre destin sur Terre : transformer le monde et en faire notre foyer. Pour Weber, cependant, l'idée protestante de la vocation était empreinte d'une ambiguïté angoissante. Comment un croyant pouvait-il savoir avec certitude qu'il avait trouvé une vocation qui satisfaisait le Seigneur ?

Weber était, semble-t-il, attiré non par la réponse pleine d'espoir de Milton, ou par la foi confiante de Luther, mais par

1. John Milton (1608-1674), poète et pamphlétaire anglais, auteur de plusieurs poèmes épiques, « Le Paradis perdu », « Le Paradis retrouvé » et « Samson Agonistes ».

Jean Calvin, l'auteur de la plus embarrassante de toutes les réponses protestantes à la question. La doctrine de la prédestination chez Calvin insiste sur le fait que les hommes devraient travailler ici-bas sans aucune certitude que leur vocation se révélera digne aux yeux de Dieu. Ce qui a profondément touché Weber, c'est ce « sentiment d'immense solitude intérieure » propre à la vision calviniste. Une solitude qu'il reconnaissait comme étant la sienne.

Il avait toujours été attiré par les conceptions d'un Dieu des plus austères et des plus éloignés, comme, par exemple, dans le livre de Job. Il était « extrêmement significatif », remarquait-il, que lorsque Job a demandé à la « voix du tourbillon » de se justifier, Dieu ne l'ait tout d'abord pas jugé digne d'une réponse. Si Dieu était vraiment tel que Job l'avait décrit, il était impossible d'être certain d'avoir été entendu par Lui. Weber en viendra à croire que vivre dans la vérité, c'est vivre sans aucune consolation. C'est ce qu'il entendait en parlant du « désenchantement » du monde. Vivre dans ce qu'il appelait le « cosmos capitaliste », c'était vivre sans croire que son travail était agréable aux yeux de Dieu. Pourtant, l'idée que le travail puisse donner un sens à toute une vie a survécu dans la mémoire et la culture, comme un résidu nostalgique d'une foi vaniteuse. « L'idée de la vocation comme devoir, écrit-il, persiste dans nos vies comme un spectre d'anciennes croyances religieuses. Si le travail n'est plus soutenu par la foi, il ne reste plus qu'un devoir sans but, sans remords. »

Dans les derniers mots de *L'Éthique protestante,* Weber cite Nietzsche, à propos de l'homme moderne – « des spécialistes sans esprit, des sensualistes sans cœur : cette nullité prétend avoir atteint un tout nouveau niveau d'humanité » – en se flagellant lui-même. Voilà le paradoxe : dans le processus de connaissance de son « moi » qui a conduit à la sombre conclusion de *L'Éthique protestante,* Weber avait redécouvert les satisfactions de l'érudition, les délices de la lecture, l'ivresse de sentir soudain qu'il comprenait non seulement lui-même, mais aussi son époque. Dans la lucidité que lui avait donnée l'étude assidue des textes protestants, il commençait à briser l'emprise de la dépression et à retrouver un équilibre précaire. Il se consolait.

Il ne peut toujours pas reprendre un poste de professeur – et ne le fera pas avant quinze ans – mais les polémiques avec d'autres savants lui prouvent sa supériorité intellectuelle et qu'il est destiné à tracer une voie savante à l'écart des universitaires allemands de son temps. Les professeurs étaient des spécialistes, alors qu'il était le grand penseur qui traversait les disciplines – sociologie, économie et religion – et il osait exprimer, comme personne ne l'avait fait auparavant, le vide spirituel, désenchanté, de la modernité capitaliste.

Ses cours, quand il les a repris, attiraient des étudiants de toute l'Allemagne, et il s'appuyait sur la culture masculine et nationaliste de son époque. Sa femme, une féministe notoire, ne s'est jamais aventurée à critiquer sa « masculinité. » Lorsque la Première Guerre mondiale éclata, il fut emporté par la ferveur nationaliste de l'époque. Comme Freud l'avait été brièvement, croyant que la cause de son pays était juste et qu'il était obligé de faire la guerre. Quand, plus tard, il vit des Noirs et des Asiatiques, venus des Empires français et britannique, combattre sur le front occidental, il réagit comme la plupart de ses contemporains, écrivant avec dégoût que l'Allemagne était attaquée par des races inférieures. En novembre 1918, cependant, sa vision du monde s'est effondrée avec la défaite allemande. Toute la civilisation qu'il avait partagée avec Mahler, Freud et Nietzsche était en ruine. À Munich, où il vivait, la République socialiste bavaroise a été proclamée.

L'empereur s'est exilé. Les rues de la ville sont encombrées de soldats démobilisés, dont l'un s'appelle Adolf Hitler. Les bandes politiques rivales de gauche et de droite dressent des barrages et s'affrontent dans les rues. L'argent n'a plus aucune valeur. Le gouvernement à Berlin existe à peine et l'Allemagne est occupée par les troupes françaises, américaines et britanniques. Weber voit la fin d'un monde qu'il a connu, comme Boèce et la classe sénatoriale romaine avaient vécu la fin de l'Empire romain.

Pourtant, contrairement à ceux-ci et à la plupart de ses contemporains pétrifiés ou désemparés, Weber a senti que son heure était venue. L'effondrement de son environnement semble le libérer de ses inhibitions. Sa relation avec Else von Richthofen, une amie proche de sa femme, met fin à une longue période d'abstinence sexuelle et devient passionnelle. Marianne finit par s'en accommoder, avec une indulgente résignation. La cinquantaine passée, il se lance dans la mêlée politique de Weimar, lutte pour le renforcement des pouvoirs du président dans la nouvelle Constitution, conseille la délégation allemande présente à Versailles et, surtout, donne des conférences à des étudiants qui se pressaient pour entendre ses conseils sur la manière de s'orienter dans une République anarchique et violente. Il n'est plus un simple érudit. Il a trouvé sa vocation.

En novembre 1917 – l'Allemagne n'est pas encore vaincue –, en Russie, les révolutions de février et d'octobre se déchaînent. Weber est invité à donner une conférence sur « le travail spirituel et intellectuel en tant que vocation » devant une assemblée d'étudiants libéraux de gauche à l'université de Munich. Tout jeune qui se lance dans une carrière, leur dira-t-il, doit regarder la réalité en face : plus que le mérite intellectuel, le favoritisme détermine le succès d'une carrière universitaire. Chaque fois qu'il lance un tel avertissement, il reçoit la même réponse : « Je ne vis que pour ma "vocation" », à quoi il réplique : « Le sens de la vocation survit rarement à la désillusion du favoritisme, lequel prévaut dans la vie académique. »

Dans *L'Éthique protestante,* il déplorait le déclin de la consolation religieuse. Désormais il était en guerre contre l'idée de consolation sous quelque forme que ce soit, et en particulier contre l'idée que la science moderne puisse fournir aux hommes et aux femmes un réconfort transcendantal. Il était d'accord avec Léon Tolstoï : « La vie et la mort ont perdu toute signification pour une personne civilisée. » Alors que les vieux paysans mouraient autrefois sans se plaindre, satisfaits du temps qui leur avait été imparti, l'homme moderne est insatiable, attiré par la fable du progrès et persuadé que la vie est infiniment perfectible. Au lieu de désespérer, dira-t-il encore à ses étudiants, ils devraient considérer la recherche scientifique avec humilité, en acceptant que même si leur travail débouchait un jour sur des résultats pérennes, ils auraient peu de chances d'en être témoins de leur vivant.

Weber semblait jouir de sa propre morosité prophétique, de la façon dont il la mettait en scène sur une estrade, devant une génération angoissée de jeunes Allemands essayant de comprendre le désastre et la défaite. Autrefois reclus dans une profonde dépression, répétant à sa mère que donner des conférences lui était une torture, il remplissait, à présent, les salles en faisant l'éloge d'une lucidité qui prônait la *Sachlichkeit,* c'est-à-dire le réalisme et l'humilité devant les faits.

Nous sommes tous, disait-il, comme le veilleur du livre d'Isaïe, au chapitre XXI, qui assiste à la chute de Babylone, dont tous les dieux se brisent sur le sol. Mais comme nous vivons, insiste-t-il, « à une époque étrangère à Dieu », nous ne pouvons pas attendre que Dieu nous sauve. Nous devons lutter contre les « démons » qui sont en nous, et trouver une vocation à la hauteur des exigences de l'époque. Ce message, délivré en novembre 1917, eut une résonance plus profonde que son message du 23 janvier 1919 à Munich, dans la même université, sur le thème de la « politique comme vocation ». D'un côté, expliquera-t-il aux étudiants, il y a les dirigeants victorieux de Versailles, des hommes comme Clemenceau et Lloyd George, enivrés par la victoire, animés par la conviction implacable que l'Allemagne doit payer ; de l'autre, il y a en Allemagne des politiciens conservateurs tout aussi convaincus que leur pays a été poignardé dans le dos. Pendant qu'il parlait, dans les rues de Munich et de Berlin, les spartakistes et les bolcheviks promettaient des lendemains radieux si les généraux et les exploiteurs capitalistes étaient éliminés, tandis que l'Allemagne plongeait dans des affrontements sanglants. Dans les jours qui suivirent son discours, des bandes paramilitaires d'extrême droite exécutèrent Karl Liebknecht[1] et jetèrent Rosa Luxembourg[2] dans un canal berlinois. Où est l'éthique de la responsabilité, de la modération, de la capacité à voir le monde tel qu'il est, interrogeait Max Weber. Nous devons nous demander « quel genre d'être humain il faut être pour avoir le droit de saisir les rayons de la roue de l'histoire ». Une vocation qui exige « la passion, le sens des responsabilités et le sens de la mesure », c'est-à-dire le contraire de « l'excitation stérile » ou du « romantisme intellectuel ». On doit avoir « la capacité de se laisser envahir par les réalités tout en conservant un calme intérieur et une certaine sérénité ». Weber était fasciné par le charisme, mais il méprisait les rabatteurs

1. Karl Liebknecht, (1871-1919), homme politique socialiste et communiste allemand.
2. Rosa Luxemburg, (1871-1919), militante socialiste et communiste, théoricienne marxiste.

charismatiques comme Hitler, qui arpentaient déjà les rues et les brasseries de Munich. Les politiciens qu'il admirait manifestaient une certaine distance, un refus de se laisser enivrer par les acclamations du public. La politique l'obsédait, précisément parce qu'elle était en proie à des tentations qu'il ne comprenait que trop bien : la soif de pouvoir, la vanité de la démagogie et l'auto-intoxication.

La vocation de la politique, dans un monde qui s'effondre, est, coûte que coûte, d'assumer l'avenir, et dans cette lutte pour l'avenir, le Sermon sur la montagne de Jésus-Christ ne peut pas davantage servir de guide que le *Manifeste communiste* de Karl Marx. Si l'éthique chrétienne était notre seul guide, nous n'aurions pas le courage de résister au mal par la force. Si la foi dans un communisme glorieux était notre guide, l'idéologie nous piégerait, nous amenant à être de connivence avec le mal. Weber excluait toute aspiration au salut venue de l'idéologie, qui proposait seulement des choix déchirants, pollués par les convictions extrêmes, par la soif du pouvoir et les solutions violentes. Il réservait ses éloges à ceux qui avaient embrassé la politique avec une maturité sobre et une détermination sans faille : « Je trouve extrêmement émouvant qu'un être humain – qu'il soit jeune ou vieux – ressente de toute son âme la responsabilité qu'il porte sur les conséquences de ses propres actes, agisse en harmonie avec une éthique de la responsabilité, et en arrive au point où il dit : "Je me tiens ici, je ne peux pas faire autrement." »

En citant ces paroles attribuées à Martin Luther à la Diète de Worms en 1521, Weber renoue avec l'idéal protestant. Mais il s'agit d'un appel sans aucune des consolations de la foi ni des certitudes d'être « élu ». Il termina son discours – qui fut le dernier de sa vie – devant les étudiants de Munich en espérant les retrouver dix ans plus tard pour savoir ce qu'ils auraient fait de leur vie. Il craignait qu'un « âge de réaction » ne s'ouvre et qu'une « nuit polaire de ténèbres glacées » ne s'abatte. Ces mots d'une tonalité prophétique ne représentaient pas son désespoir, plutôt l'exaltation d'avoir enfin trouvé sa vocation de visionnaire. D'où sa conclusion : « ce qui est possible n'aurait jamais pu être réalisé si les gens n'avaient pas essayé encore et encore de réaliser l'impossible dans ce monde ». C'est cette consolation d'un espoir qu'il offre aux étudiants, à condition qu'ils soient prêts, dans cette sombre période, à assumer les responsabilités de la politique.

Après cette intervention, il rejoindra son amante Else von Richthofen à la représentation de *Tannhäuser,* avant de goûter aux délices de l'amour dans un wagon-lit sur la route de Karlsruhe. Il redeviendra professeur à Munich, il rassemblera ses écrits sur la *Sociologie de la religion* et ses articles sur l'*Économie et la société.* Son œuvre sera à l'origine d'une grande partie des sciences sociales du vingtième siècle. Quand il meurt, à 56 ans, en juin 1920 lors de la pandémie de grippe, sa femme, Marianne, et Else sont à ses côtés. Au XXe siècle, aucun penseur n'a autant cherché à trouver un sens au travail. Plus que tout autre penseur, Max Weber nous apostrophe : comment savoir si nous sommes vraiment appelés à une vocation ? En 1919, les temps difficiles lui ont donné la réponse : prenons nos responsabilités, plutôt que de sombrer dans la haine ou de chercher refuge dans l'illusion.

14.

La consolation des témoins

Anna Akhmatova, Primo Levi et Miklós Radnóti

Nous sommes à Leningrad en 1938. Une longue file de femmes, emmitouflées, fait la queue aux portes de la prison de Kresty, sur la rive Arsenalnaya de la Neva. Elles attendent, tous les jours, certaines depuis dix-huit mois, et les portes s'ouvrent très rarement. Elles ignorent si leurs hommes y sont encore enfermés ou s'ils ont tout simplement disparu. La file d'attente ne cesse de s'allonger. On est en pleine terreur de Iejov[1] : chaque nuit apporte son lot d'arrestations. Ces femmes frigorifiées, debout dans la torpeur, ne parlent pas, elles savent qu'elles ne peuvent faire confiance à personne. Or ce jour-là, deux femmes échangent quelques mots. L'une chuchote : « Pouvez-vous décrire ceci ? » L'autre murmure : « Je le peux. » C'est alors que « quelque chose comme un sourire » traverse le visage de la première femme.

La poétesse Anna Akhmatova qui a posé la question ignorait l'identité de celle qui lui a répondu, mais ce témoin allait

1. Nikolaï Ivanovitch Iejov (1895-1940), chef suprême du NKVD de septembre 1936 à novembre 1938, principal organisateur des Grandes Purges staliniennes au cours desquelles plus de 750 000 personnes furent exécutées.

sauver ce moment de l'oubli. Anna venait voir son fils Lev Gumilev, alors en état d'arrestation. Elle avait quarante-neuf ans, était veuve, appauvrie, interdite de publication, et habitait une seule pièce d'un appartement communautaire, aménagé dans le palais délabré de Sheremetiev.

Akhmatova a replacé cette scène au début de *Requiem*, le cycle poétique qu'elle a écrit pendant vingt ans pour commémorer les victimes – des millions – que le régime de Staline a fait disparaître ou a envoyées au Goulag :

> Je t'ai tissé ce large linceul à partir d'humbles paroles
> que je t'ai entendue prononcer.
> Partout, pour toujours et à jamais,
> je n'oublierai jamais une seule chose.

Requiem est un hymne écrit au nom de toutes les femmes qui veillaient dans les années 1930 devant les murs des prisons russes, et au nom de celles qui, à l'intérieur, attendaient d'être internées, torturées, bannies ou tuées. Akhmatova a déclaré que si un jour un monument était élevé à sa mémoire, il devrait être placé là, aux portes de la prison de Kresty. Nous ignorons si la femme qui lui a répondu a survécu au siège de Leningrad, ou si elle a jamais revu l'homme qu'elle attendait. Nous ne connaissons que son sourire grâce au poème qui circulait sous forme manuscrite depuis les années 1940 et qui, finalement, fut publié vers 1960 :

> Maintenant, je n'arriverai jamais à démêler
> Qui est un animal et qui est un être humain
> Ni combien de temps j'attendrai jusqu'à ce que la sentence de mort soit exécutée.

L'un des premiers lecteurs de *Requiem* en Occident fut Isaiah Berlin[1]. Il avait lu l'œuvre qu'Akhmatova avait écrite à Tsarskoe Selo, avant et après la Première Guerre mondiale. À l'automne 1945, lors d'une visite officielle à Leningrad, il découvre qu'Akhmatova est toujours en vie et va la voir dans sa chambre du palais Sheremetiev. C'était le premier visiteur occidental qu'elle rencontrait depuis vingt ans. Elle lui lit, d'une voix posée, *Requiem* :

> Le Don tranquille coule tranquillement
> Et la lune jaune entre dans ma maison.
> Il entre avec son chapeau de travers
> et rencontre une ombre, la lune jaune.
> Cette femme ne va pas bien, cette femme est toute seule.
> Le mari est dans la tombe, le fils est en prison,
> S'il vous plaît, faites une prière pour moi.

Elle s'interrompt soudain pour s'exclamer : « Non, je ne peux pas. Ce n'est pas bon, vous venez d'une société d'êtres humains, alors qu'ici nous ne sommes plus des êtres humains… » Plus tard, dans la quasi-obscurité, son fils, Lev Gumilev, récemment libéré de prison, est entré et ils ont mangé tous les trois un plat de pommes de terre froides. Elle parlait, se souviendra plus tard Isaiah, « sans la moindre trace d'apitoiement, comme une princesse en exil, fière, malheureuse, inaccessible, d'une voix calme et égale, parfois avec des mots d'une éloquence émouvante ». La guerre terminée, la plupart des poèmes du cycle du *Requiem* achevés, elle savait qu'elle avait donné une voix aux tourments de son peuple. C'était une vocation qu'elle n'avait pas choisie, mais qu'elle était prête à assumer. Comme

1. Isaiah Berlin (1909-1997), né à Riga, émigré à 11 ans en Angleterre, philosophe et historien.

elle le dit fièrement, elle n'a jamais choisi l'exil ou la fuite, elle n'a jamais détourné le regard de l'horreur et elle a rempli son devoir de témoin.

* * *

Auschwitz, été 1944. Par un chaud dimanche après-midi, deux jeunes hommes d'une vingtaine d'années, l'un originaire du Nord de l'Italie, l'autre de Strasbourg, traversent le camp pour se rendre aux cuisines afin d'y prendre une soupière, et de la rapporter dans leurs baraquements. Ils sont dans le camp depuis environ six mois et en connaissent les routines. Ils ne se font pas confiance, car ici on ne peut faire confiance à personne, mais Jean[1], un Français, a choisi Primo Levi pour s'occuper de la soupe. C'est le seul moment où ils peuvent se détendre, brève heure de grâce, dans cette routine infernale de travail épuisant et dégradant, dans cet endroit où la fumée des crématoriums colore le ciel.

Le camp est un brouhaha de langues, le hongrois et le yiddish étant les plus répandus. Primo Levi et Jean conversaient en français et en allemand. Comme Jean voulait apprendre l'italien, Primo lui récita quelques fragments du *canto* 26 de l'*Enfer* de Dante qu'il avait appris au lycée.

C'est l'histoire du héros grec Ulysse, qui atteint les portes d'Hercule et exhorte son équipage épuisé à aller plus loin, à naviguer au-delà des portes, dans la « mer ouverte ». Alors que Primo Levi déclame le *canto* 26, Jean s'interroge. Faut-il traduire *mare aperto* par « mer ouverte » et *misi mi* par « je me mis » ? Puis, sentant de plus en plus que ce texte contient une promesse de liberté, Primo en vient à l'exhortation prononcée

1. *Si c'est un homme* (1947), témoignage de Primo Levi sur son expérience à Auschwitz pendant la Seconde Guerre mondiale. Jean est un compagnon de camp.

par Ulysse pour convaincre son équipage de partir au-delà des portes d'Hercule, au-delà du monde connu :

> Considérez bien la semence qui vous a donné naissance.
> Vous n'êtes pas nés pour vivre votre vie comme des brutes,
> Mais pour être des adeptes de la vertu et de la connaissance.

Lorsque ces vers surgirent de sa mémoire, Primo eut l'impression de les entendre pour la première fois, comme le son d'une trompette, comme la voix de Dieu. Jean le pria de les répéter et d'en parler aux autres prisonniers. Primo ferma les yeux, se mordit le doigt, mais sa mémoire, soudainement, lui fit défaut. Les cuisiniers criaient « soupe et choux » en allemand et en hongrois et, derrière lui, les hommes des autres baraquements, impatients, faisaient la queue.

Pour Primo Levi, les paroles du *canto* 26, et c'était ça l'essentiel, rappelaient aux deux prisonniers qu'ils n'étaient pas nés pour être des brutes, et qu'il existait un autre monde, au-delà des barbelés, où ils pourraient un jour vivre en tant qu'hommes.

On sait comment le récit de Dante se termine. Ulysse et son équipage ont, bel et bien, franchi les portes d'Hercule pour rejoindre la mer. Leur voyage s'est achevé dans l'obscurité. Ils perdirent de vue les étoiles et la Lune, puis une tempête éclata et, alors qu'ils apercevaient une île se profilant à l'horizon, leur navire sombra, se retourna et tous se noyèrent. Et Dante termine ainsi :

> « Jusqu'à ce que la mer se referme sur nous. »

* * *

Hongrie, octobre 1944. Des ouvriers agricoles interrompent leur travail dans les champs pour regarder passer une colonne d'hommes sur la route. Des gardes en uniformes, hongrois pour la plupart, sous le contrôle des SS allemands patrouillent en long et en large. Cette colonne est une brigade hongroise du « service du travail », c'est-à-dire des prisonniers, principalement des Juifs, qui reviennent d'une mine de cuivre en Serbie. Certains trébuchent et tombent, d'autres s'efforcent de relever leurs camarades…

Cela fait des jours qu'ils marchent. Au loin, ils entendent les tirs des divisions russes qui s'approchent. La guerre sera bientôt terminée et ils rentreront chez eux. La nuit, allongé sur le sol nu d'une briqueterie, parmi les hommes en haillons qui dorment, un des prisonniers sort un petit carnet et écrit huit lignes d'une main méticuleusement soignée, faisant revivre les travailleurs des champs qui les ont vus passer. Avec une ironie laconique, il intitule ce poème « Carte postale » :

> À neuf kilomètres, le voile brûlant
> De meules, de fermes, de champs.
> À l'orée du champ, les paysans, silencieux, fumant,
> Leur pipe contre les tourments.
> Ici : un lac troublé seulement par le pas
> D'une frêle bergère, et ce que les brebis
> Boivent dans leur humilité n'est que cela :
> L'eau que le vent à peine ébahit.

Il s'était procuré le carnet en troquant ses dernières cigarettes avec des villageois serbes venus près des barbelés du camp de Heidenau. Maintenant, sur le chemin du retour, il écrit dans l'espoir de revoir sa femme, Fanni, « toi dont le calme est comme le poids et la certitude d'un Psaume ». Épuisé, il rêve de Fanni, de vérandas, de confiture de prunes, du calme d'une fin d'été dans les jardins ensoleillés.

Il a survécu à des mois de dur labeur dans la mine de cuivre. Quand la colonne s'est ébranlée, il pensait que le voyage le ramènerait chez lui. Mais la nuit du 7 au 8 octobre 1944, dans une briqueterie de Serbie, près de la frontière hongroise, les gardes SS ont ordonné aux prisonniers de se coucher et de vider leurs poches de tout objet de valeur. Ils ont mitraillé la moitié d'entre eux. Le violoniste d'un cabaret de Budapest tombe à genoux, et un prisonnier tente de l'aider. Un garde abat le violoniste. Le prisonnier se couche et reste immobile. Il entend le gardien parler allemand. Les SS et leurs associés hongrois forcent alors les survivants à se lever pour reprendre la marche. Ils ne rentreront pas chez eux mais dans des camps de travail en Allemagne. Le 24 octobre, à mi-chemin de la Hongrie, le prisonnier écrit une autre « carte postale » :

> Les bœufs bavent de la salive mélangée à du sang
> Chacun de nous urine du sang.
> L'escouade se tient en nœuds, puante, folle.
> La mort, hideuse, souffle au-dessus de nos têtes.

La colonne va se diriger vers le nord-est, en direction de la frontière du Reich allemand et campera sur le tarmac d'un aérodrome abandonné. C'est là qu'une fois encore, le prisonnier, sur un morceau de carton ramassé en route – une publicité pour l'huile de foie de morue – écrira une « carte postale », évoquant sa rencontre avec le violoniste quelques jours plus tôt :

> Je suis tombé à ses pieds et son corps s'est retourné
> Déjà serré comme une corde qui claque
> Une balle dans le cou. « Et c'est ainsi que tu finiras toi aussi. »

Je me suis murmuré : « Reste tranquille, ne bouge pas.
Maintenant, la patience fleurit dans la mort. »

Il recopiera ces lignes dans son carnet, le 31 octobre 1944. L'un des survivants de la colonne, revenu d'Allemagne, dira plus tard qu'il a vu le prisonnier pour la dernière fois, assis seul sur le tarmac de l'aérodrome, regardant ses bottes délabrées.

Ce prisonnier et poète s'appelait Miklós Radnóti.

Le 8 novembre, les gardes hongrois conduisent des prisonniers incapables de marcher, dont le poète, dans deux charrettes et les emmènent dans les hôpitaux locaux d'une ville proche de la frontière germano-hongroise. Les hôpitaux refusent de les accueillir. Les gardes hongrois les ont alors transportés dans les bois à l'extérieur de la ville, et les ont abattus. Ils ont jeté leurs corps dans une fosse peu profonde.

En août 1946, Fanni, l'épouse de Miklós Radnóti, fut informée que des corps avaient été exhumés et que des effets personnels de son mari avaient été retrouvés et remis à un boucher local, chef de la communauté juive de la ville. Elle s'est rendue à la boucherie et, en déballant le paquet, elle a trouvé un portefeuille avec sa photo et la sienne, sa carte d'assurance, une photo de sa mère jeune femme. Et aussi le carnet dans lequel Radnóti avait écrit en cinq langues – hongrois, anglais, français, allemand et serbo-croate – un message pour informer toute personne qui le trouverait qu'il contenait l'œuvre d'un poète hongrois. Les « cartes postales » y étaient.

Fanni n'a jamais retrouvé le corps de son mari ni pu lui offrir un digne enterrement. Miklós Radnóti sera reconnu comme l'un des plus grands poètes de Hongrie et d'Europe, et Fanni vivra assez longtemps pour honorer sa mémoire. Aujourd'hui, ses poèmes sont encore enseignés dans les écoles hongroises, et témoignent de la souffrance de ses compagnons des camps de travail. L'œuvre de Radnóti fait désormais partie du patrimoine national, bien que ce soient des soldats hongrois qui fussent responsables de sa mort.

Au début des années 2000, le biographe de Radnóti a demandé à Fanni si sa douleur s'était atténuée avec le temps. Elle a secoué la tête. Connaissait-elle, lui dit le biographe, le poème d'Emily Dickinson :

On dit que « le temps apaise »,
– Le temps n'a jamais apaisé ;
Une souffrance réelle renforce,
Comme les nerfs avec l'âge.
Le temps est un test pour les problèmes,
Mais pas un remède.
S'il le prouve, il prouve aussi
Qu'il n'y avait pas de maladie.

Oui, elle connaissait ce poème.

* * *

Pour tous ceux qui, comme moi, sont nés dans la décennie qui a suivi la fin de la guerre, ces écrivains – et d'autres témoins des deux tyrannies du XXe siècle – sont devenus des pierres de touche du jugement moral. Nous nous tournons vers eux pour comprendre l'histoire dont nos parents étaient issus et dont notre propre monde émergeait. Ce passé a mis fin à toute possibilité, du moins pour moi, d'être consolé par la foi de Condorcet dans le progrès, ou par la foi de Marx dans la Révolution.

Ce que ces survivants ont enduré leur donne l'autorité que l'on accordait autrefois aux saints chrétiens, bien qu'ils n'eussent pas désiré être considérés comme tels. Leurs témoignages étaient aussi une affirmation d'allégeance à une tradition remontant, par exemple, à Dante, dont le courage en exil six cents ans auparavant avait été une source d'inspiration tant pour Akhmatova que pour Levi. Écrire de la poésie, c'était affirmer leur appartenance à une fraternité ancestrale, une fraternité dont ils espéraient qu'elle se prolongerait dans l'avenir.

La consolation leur était une forme d'espoir politique. Ils voulaient que l'on se souvienne des victimes afin que leurs bourreaux soient relégués dans l'infamie. La conviction que l'histoire n'oublierait pas les souffrances qu'ils avaient décrites était une consolation, et pas seulement pour eux. Pour leurs lecteurs, leur courage donnera un sens à l'histoire. À travers leurs poèmes, ils ont préservé la mémoire des persécutés, ils ont gardé la foi dans l'écriture, au milieu de la terreur. Dans ma génération, il y avait un désir caché d'absolution. En rendant hommage à leur grandeur d'âme, nous nous la sommes appropriée comme si c'était la nôtre. Ils espéraient que si on acceptait leur vérité, de telles tragédies ne se reproduiraient plus. Nous étions leur consolation. Ils ont été consolés par la pensée que nous nous souviendrions d'eux. Mais l'avons-nous fait ?

Les derniers survivants de l'Holocauste et de la terreur stalinienne sont en train de mourir, et ce qu'ils ont enduré passe de la mémoire à l'histoire. De plus en plus de gens pensent qu'ils ont le choix de croire, ou non, à la véracité de ces horreurs. L'actuel dirigeant de la Russie n'a-t-il pas fait de la nostalgie de Staline l'idéologie officielle de son régime ? Il a déclaré que la destruction de l'empire soviétique était la plus grande catastrophe du XXe siècle. Pauvre Akhmatova ! On ne peut que se réjouir qu'elle soit morte sans savoir à quel point ses héritiers lui seraient infidèles. Des héritiers infidèles au nombre desquels il faut également ajouter les négationnistes et les antisémites, les racistes et les semeurs de haine. Nous sommes devenus les témoins involontaires d'une nouvelle réalité alternative dans laquelle le slogan autrefois populaire – « Plus jamais ça » – est défié par la réactualisation d'une tentation historique persistante : créer par la force un monde sans ennemis. Staline et Hitler ont su exploiter cette utopie démoniaque, qui a captivé des millions de citoyens au XXe siècle. Et qui continue hélas de fasciner, au XXIe siècle, certains de nos *leaders* politiques.

À la fin de sa vie, Primo Levi a écrit un mémoire, *Les noyés et les sauvés,* qui commence par une épigraphe de Coleridge[1] :

> Depuis lors, à une heure incertaine, cette agonie revient :
> Et jusqu'à ce que mon histoire épouvantable soit racontée, ce cœur en moi brûle.

Levi méprisait le sens moral qui faisait de tous les survivants de l'Holocauste des héros. Il savait qu'il n'en était rien. Il a décrit la « zone grise », le monde ambigu du compromis dans lequel il vivait en tant que scientifique épargné par le crématoire grâce à ses compétences techniques. Il a même admis que c'est au cours de son année à Auschwitz qu'il s'était senti le plus férocement vivant. Il considérait sa propre survie comme un privilège dont il avait honte. Il était convaincu que les meilleurs s'étaient noyés, tandis que les pires avaient été sauvés. Il a lutté contre la honte dès le premier instant de sa libération, en janvier 1945. Il voyait dans les yeux de ses « sauveteurs » – des soldats russes – une profonde gêne, comme s'ils ne voulaient pas reconnaître que les prisonniers étaient aussi des hommes.

Il n'a jamais cessé de réfléchir aux responsabilités qui lui incombaient en tant que témoin, il n'a jamais cessé de

1. Samuel Taylor Coleridge (1772-1834), poète et critique britannique.

s'interroger sur le rôle qu'il avait endossé sans le vouloir. Avait-il été sauvé par la Providence, comme lui dirait un codétenu? Une telle opinion, écrira-t-il, lui « faisait mal comme lorsqu'on touche un nerf à vif et faisait naître le doute... Je pourrais être vivant à la place d'un autre, aux dépens d'un autre ».

En 1988, épuisé et déprimé par l'âge, par une opération, par le fardeau que représentaient sa mère âgée et sa belle-mère, Primo Levi se suicida en se jetant dans la cage d'escalier de son appartement de Turin, en Italie. Il y avait vécu la plus grande partie de sa vie. Beaucoup de ses lecteurs furent déçus par le fait que son rôle de témoin ne lui donnât plus de raison de continuer. L'un d'entre eux écrivit à l'époque:

> Personne ne veut le croire [qu'il s'est suicidé], non seulement pour lui, mais aussi pour nous. C'est comme si Primo Levi avait brandi une lumière pour nous – presque le seul être humain à l'avoir fait, dans ce pire endroit et à cette époque. C'est comme si [...] il nous avait aidés à retrouver l'estime de nous-mêmes. Et s'il déposait lui-même cette lumière, ne disait-il pas qu'il n'y croyait plus, qu'il ne croyait plus en nous?

Il avait porté tant de fardeaux. Il ne fallait pas lui demander de porter celui-là en plus.

15.

Vivre en dehors de la grâce

La Peste d'Albert Camus

En janvier 1942, dans la ville d'Oran, en Algérie, alors département français, un journaliste et écrivain de vingt-huit ans, atteint de tuberculose depuis son adolescence, se met à cracher du sang. Sa femme, Francine, l'emmène d'urgence chez un médecin, le docteur Cohen, qui lui injecte de l'azote dans les poumons, un traitement, pensait-on à l'époque, qui offrait une chance de se rétablir. Mais son meilleur espoir de guérison, lui a dit le docteur Cohen, était de fuir le climat humide d'Oran pour se reposer à l'air de la montagne. C'est ainsi qu'Albert Camus, conseillé par des proches de Francine, rejoint un village isolé dans le Centre de la France. Il leur faudra huit mois pour s'y rendre et, en août 1942, ils s'installent au Panelier, un hameau du Vivarais, à l'ombre des collines et des pins. Une femme généreuse les accueillit, en leur offrant le gîte et le couvert.

En octobre, quand sa femme reprend son poste d'enseignante à Oran, Camus doit terminer sa cure avant de la rejoindre. Or le 7 novembre 1942, les forces britanniques et américaines débarquent en Algérie et, quatre jours plus tard, les Allemands occupent les deux zones de la France. Impossible de rentrer. Il est coincé à Panelier, loin de sa famille, du soleil, de la mer et de la lumière méditerranéenne. C'est là, seul avec sa maladie, qu'il commence à écrire *La Peste.* Il avait déjà publié *L'Étranger* et *Le Mythe de Sisyphe,* dont les thèmes – l'exil, le fossé entre le besoin de compréhension « et le silence déraisonnable du monde » – n'étaient plus, désormais, des abstractions littéraires. Pour la première fois, il vivait comme un véritable exilé, et non comme un exilé métaphorique, coupé de sa mère et de sa femme qui avaient donné un sens à sa vie. Chaque fois qu'il toussait, il sentait sa vie s'étioler : « Ce qui donne de la lumière au monde et le rend supportable, c'est le sentiment de nos liens avec lui – et surtout de ce qui nous unit aux autres, écrit-il dans ses carnets[1]. Mais certains jours, quand nous prenons conscience que beaucoup de ces liens sont brisés ou que les autres nous tournent le dos, nous comprenons à quel point tout ce que nous appelons amour ou amitié est fragile, aléatoire, et accidentel. Alors, le monde se replonge dans l'obscurité, et nous retrouvons ce grand froid dont la tendresse humaine nous avait, un instant, réchauffés. » Il cherche la seule consolation dont il dispose : donner un sens à des expériences qui l'auraient submergé.

En septembre 1943, quelque dix-huit mois après son arrivée en France, il part pour Paris où Gaston Gallimard, son éditeur, lui a proposé de rejoindre son équipe. Autour de lui, la résistance à l'Occupation commence à se manifester. Il noue des contacts avec Pascal Pia, Francis Ponge, René Leynaud, Louis Aragon, lesquels commençaient à exprimer leur révolte dans des revues clandestines comme *Confluences* ou *Les Cahiers*

1. Ses carnets et beaucoup de ses articles ont été publiés sous le titre *Actuelles: Chroniques* en 4 volumes. Le premier fut publié en 1950 aux éditions Gallimard.

du Sud. Camus est encore assez mal informé des résistants qui exécutent des missions de sabotage, font sauter des lignes de chemin de fer, ramassent de nuit le matériel largué par les avions britanniques. C'est à cette époque qu'il se lie d'amitié avec le père Raymond Bruckberger, dominicain jovial, déjà résistant actif, et qu'il va écrire son premier texte de soutien à la Résistance, *Lettres à un ami allemand.*

Ces quatre lettres, dont les deux premières furent publiées clandestinement en 1943 et 1944, se donnent pour but, écrira Camus, « d'éclairer un peu le combat aveugle où nous étions, et par là, de rendre plus efficace le combat ». Dans une des lettres, peut-être inspirée par Bruckberger, un aumônier de prison allemand accompagne une douzaine de prisonniers français, dont un adolescent, dans le camion qui les emmène à leur exécution. Le prêtre allemand s'assoit avec les prisonniers à l'arrière du camion et se lie d'amitié avec le garçon, lui offrant le réconfort qu'il peut. Camus a imaginé leur dialogue : « Je n'ai rien fait », dit le garçon. Oui, dit le prêtre, mais ce n'est pas la question. « Tu dois te préparer à mourir. » « Pourquoi personne ne comprend ? » dit le garçon. « Je suis ton ami, et peut-être que je comprends. Mais il est tard. Je serai avec toi et Dieu aussi. Tu verras. Ce sera facile. »

Alors que le prêtre allemand a le dos tourné, le garçon saute du camion et s'enfuit dans les champs. Le prêtre le voit, mais, immédiatement, ordonne aux chauffeurs de s'arrêter. Les soldats ramènent le garçon. Le voyage reprend. Le prêtre célèbre les derniers sacrements du garçon. L'exécution a lieu.

Aucun prêtre français, s'indigne Camus, n'aurait agi ainsi : consoler un garçon effrayé et le livrer ensuite à une mort certaine, avec cette froideur de cœur. Son indignation, sa colère à l'égard des fausses consolations n'était pas nouvelle.

Dans *L'Étranger,* alors que Meursault attend la mort, il reçoit la visite d'un prêtre qui cherche à le consoler, et il le repousse.

Désormais, dans *Lettres à un ami allemand,* la colère de Camus s'accompagne pour la première fois d'un engagement profond, rejoindre activement la Résistance.

L'engagement est-il une forme de consolation ?

Si le processus par lequel un écrivain se console en mettant des mots sur une page est mystérieux, celui par lequel il trouve les métaphores qui lui permettent de représenter sa propre angoisse l'est encore plus. Il est difficile de découvrir comment l'idée de la peste a surgi dans les pensées de Camus. Il avait, en 1941, connu l'épidémie de typhus en Algérie, et il avait noté dans ses carnets une phrase étrange sur « la peste libératrice », une référence à un essai d'Antonin Artaud sur le théâtre dans les années 1930. Comment une peste peut-elle être libératrice ? Peut-être parce que la lutte contre la peste peut donner un sens à des vies désordonnées ?

Camus voyait l'Occupation allemande comme une peste, une infection morale qui a plongé les populations dans un état de suspicion et d'isolement mutuels. « Imaginez une épidémie de typhus ou de peste. Ce genre de choses s'est déjà produit et peut arriver à nouveau. Et là, tout bascule : c'est comme si le désert venait à vous. » Il a lu les prophètes de la Bible qui décrivaient la peste comme une punition. Il recopie le Lévitique 26:25 : « Je ferai venir l'épée contre toi, pour exercer la vengeance de l'alliance. Si vous vous retirez dans vos villes, j'enverrai la peste au milieu de vous, et vous serez livrés aux mains de l'ennemi… L'homme a eu le pouvoir de devenir l'égal de Dieu, et Dieu l'a craint et l'a soumis. »

Mais si les fléaux ont longtemps été considérés comme des punitions pour l'orgueil humain, qu'en est-il de ceux d'aujourd'hui ? Comment comprendre la catastrophe de l'Occupation et de la défaite ? Comment l'Europe a-t-elle pu s'enfoncer dans une telle cruauté et une telle violence ? Autour de Camus, dans la presse collaborationniste comme dans la presse résistante, des Français dépités en viennent à la conclusion qu'ils ont mérité leur défaite de 1940. La question du prophète hébreu – comment donner un sens à l'implacable colère, sinon de Dieu, du moins de l'histoire – s'impose désormais à tous.

Camus se souvenait de textes datant de ses années au lycée, puis à l'université d'Alger : les récits de la peste de Marseille en 1720, la peste de Florence qui a servi de décor au *Décaméron* de Boccace, les pestes en Espagne qui ont conduit à la persécution des Juifs, et les récits journalistiques plus récents des pestes en Chine au début du XXe siècle. Dans son *Journal de l'année de la peste*, publié en 1722, Daniel Defoe a une phrase que Camus utilisera comme épigraphe pour *La Peste* : « Il est aussi raisonnable de représenter une sorte d'emprisonnement par une autre, que de représenter tout ce qui existe réellement par ce qui n'existe pas. »

Il était dans un double emprisonnement – sa maladie et l'Occupation – et le seul remède était de s'en sortir par l'écriture, « de représenter un type d'emprisonnement par un autre ». Il s'inspira du *Moby-Dick* de Melville, un exemple de la façon d'organiser une fiction entière autour d'une seule métaphore. Quand il s'arrêtait d'écrire ou de lire, il parcourait les chemins vallonnés, les pâturages escarpés des hautes terres. Il écoutait « Ce vent étrange qui court toujours à l'orée des bois. Curieux idéal de l'homme : se faire une demeure au sein même de la nature ». Chez lui, en Afrique du Nord, les bains de mer lui avaient permis de s'unir parfaitement à la nature. Aujourd'hui, il se promenait, seul, dans des champs pluvieux, à mille kilomètres de chez lui.

Si dans *La Peste* il s'est inspiré de l'odeur des ruelles d'Oran, des conversations dans les cafés, des bains de soleil dans les dunes, de la limonade, il devait se protéger d'une nostalgie trop envahissante et mettre à distance certains souvenirs familiaux : les imperméables trop grands offerts par sa grand-mère, sa tante couturière comptant les boutons, la pauvreté de la chambre de sa mère à Alger... Il lutte avec sa mémoire : « » Et dès le début du roman, quand la peste s'abat sur Oran, Camus conjugue ses propres tourments avec le départ de sa femme et le début de l'Occupation allemande : « Mères et enfants, amants, maris et femmes, qui, quelques jours auparavant, avaient pris pour acquis que leur séparation serait brève, qui s'étaient embrassés sur le quai et avaient échangé quelques propos anodins, sûrs qu'ils étaient de se revoir au bout de quelques jours, ou tout au plus, quelques semaines, dupes de leur foi humaine aveugle en l'avenir proche et peu ou pas détournés de leurs intérêts normaux par cette prise de congé, tous ces gens se sont retrouvés, sans le moindre avertissement, irrémédiablement coupés, empêchés de se revoir, ou même de communiquer entre eux. »

Au lieu de s'enfermer dans l'idée que sa condition était particulière, il veut partager son sort avec d'autres. Lorsqu'il se rend en train dans la ville industrielle de Saint-Étienne pour ses injections du pneumothorax, il observe ses compagnons de voyage avec une curiosité nouvelle, en particulier un vieux couple de paysans vêtus de vêtements raccommodés, tenant des valises usées : « Elle au visage ridé comme un parchemin, lui au visage lisse éclairé par deux yeux clairs et une moustache blanche. » Oubliant son égocentrisme, il fait preuve d'une compassion fugace, d'un début de solidarité avec le genre humain. En Afrique du Nord, il avait écrit sur l'absurde ; maintenant, il le vivait. Il savait qu'il devait trouver un moyen d'exprimer ce que l'on ressentait dans une époque sans espoir, sans perspective d'évasion. Il a, lentement, abandonné le détachement des non-combattants, ce qui était possible à Oran. Rester spectateur lui était devenu insoutenable. Il ne s'agissait plus de lui-même, mais de la condition humaine : comment on construit un abri et un foyer, comment on cultive des relations d'amitié et d'amour, et comment, soudainement, sans avertissement, tout cela peut être déchiré. Dans ses carnets, il prenait du recul comme en novembre 1942, où il confiait : « Je voudrais exprimer à travers la peste l'étouffement dont nous souffrions tous et l'atmosphère de menace et d'exil dans laquelle nous vivions. En même temps, je voudrais étendre cette interprétation à la notion d'existence en général. »

Dans *La Peste,* il a écrit : « Au cœur d'un monde incompréhensible, ils avaient patiemment construit un univers privé, pleinement humain, où les jours se partageaient entre la tendresse et l'habitude. Et maintenant, il ne suffisait sans doute pas d'être séparés du monde, il fallait encore que la peste les sépare de leurs modestes créations quotidiennes. Après avoir aveuglé leur esprit, elle leur a arraché le cœur. »

La Peste, commencée au Panelier, allait aussi devenir un livre sur la résistance face au mal. Bernard Rieux, spécialiste de la peste, nom emprunté à celui d'un médecin d'une ville locale, prend progressivement le devant de la scène comme protagoniste et narrateur de l'histoire.

En 1942, on était loin de la victoire et les rares résistants l'étaient davantage par désespoir que par espoir. Camus, lui-même, luttait contre une maladie incurable à l'époque. Comment, s'interrogeait-il, des hommes peuvent-ils résister alors qu'ils savent que la victoire est impossible ? Cette question est devenue centrale dans la lutte de Rieux contre la peste. Rieux ne peut guérir personne ; tout ce qu'il peut faire, c'est réconforter et consoler les mourants. Un sentiment croissant de futilité l'écrase et, dans un dialogue avec son ami Tarrou, Rieux doute d'un Dieu qui crée une maladie inguérissable: « Après tout, répéta le médecin, puis il hésita de nouveau, fixant ses yeux sur Tarrou, c'est une chose qu'un homme de votre sorte peut comprendre très probablement, mais, puisque l'ordre du monde est façonné par la mort, ne vaudrait-il pas mieux pour Dieu que nous refusions de croire en Lui, et que nous luttions de toutes nos forces contre la mort, sans lever les yeux vers le ciel où Il est assis en silence? »

Tarrou acquiesce.

« Oui, mais vos victoires ne seront jamais durables, c'est tout. »

Le visage de Rieux s'assombrit.

« Oui, je le sais. Mais ce n'est pas une raison pour abandonner la lutte. »

« Aucune raison, je suis d'accord… Seulement, je peux maintenant imaginer ce que ce fléau doit signifier pour vous. »

« Oui. Une défaite sans fin. »

Ce thème de la Résistance, cette rencontre absurde avec une « défaite sans fin », étaient déjà présents dans le *Mythe de Sisyphe,* mais au printemps 1943, la question de savoir pourquoi il faut résister au destin, même si l'issue est sans espoir, devient une question de vie ou de mort. En lisant les journaux, et lors de ses voyages à Lyon ou à Saint-Étienne, Camus mesurait à quel point ses contemporains avaient accepté l'Occupation et s'y étaient adaptés. Il avait même permis à Gallimard de publier *Le Mythe de Sisyphe* en 1943 sans le chapitre sur Kafka, la censure allemande s'opposant à tout écrit qui évoquait un auteur ou un intellectuel juif. Camus publiera plus tard l'intégralité du livre dans une édition clandestine. En 1943, en le laissant paraître mutilé par la censure allemande,

Camus entrait dans ce que Primo Levi appellerait la « zone grise ».

Pourquoi certains choisissaient-ils d'aider, d'encourager ou d'excuser l'Occupation, tandis que d'autres choisissaient la Résistance ? Au fur et à mesure que le roman prenait forme, Camus a fait ce choix : il a refusé de juger ou de condamner ses personnages, leur permettant d'exprimer toutes les ambiguïtés morales qu'il voyait autour de lui. Le personnage de Rambert, par exemple, n'est-il pas le reflet de Camus, dont le premier réflexe fut de « s'enfuir » en Algérie ? La fuite devenant impossible, Rambert décide de rester et rejoint les « brigades sanitaires » qui luttent contre la peste. Certains personnages ne sont que spectateurs, d'autres tirent profit de la situation – Cottard fait du marché noir pour gagner un peu d'argent sur la misère d'autrui. Le détachement de l'écrivain n'a, sans doute, pas été facile, mais ce qui sauve le livre d'une littérature piégée par son époque, c'est précisément la façon dont Camus refuse de juger, de condamner, à une exception : la consolation offerte par le prêtre allemand dans *Lettres à un ami allemand* l'avait révolté, et maintenant, c'est le prêtre Paneloux, principal antagoniste du docteur Rieux, qui appelle la ville mourante au repentir : « Une petite flamme immobile, au cœur obscur de la souffrance humaine, éclaire les chemins obscurs qui mènent à la délivrance. Elle révèle la volonté de Dieu en action, transformant infailliblement la sombre vallée des pleurs et des gémissements vers le silence, source de toute vie. Voilà, mes amis, l'immense consolation que je vous propose, afin qu'en quittant cette Maison de Dieu, vous emportiez avec vous non seulement des paroles de colère, mais aussi un message de réconfort pour vos cœurs. »

Si le sermon de Paneloux est relaté avec une retenue sèche, les sentiments de Camus sur la consolation religieuse reviennent dans une scène ultérieure. Paneloux et Rieux veillent ensemble, toute une nuit, près du lit d'un enfant. Quand il s'éteint, Rieux n'en peut plus et, quittant l'hôpital avec colère, il s'exclame devant Paneloux : « Ah ! cet enfant était innocent et vous le savez aussi bien que moi. »

Paneloux lui répond, visiblement ébranlé : « Il faut peut-être aimer ce qu'on ne peut pas comprendre. »

Ce à quoi Rieux réplique : « Non père, j'ai une tout autre idée de l'amour. Et jusqu'à ma mort, je refuserai d'aimer un système où l'on torture les enfants. »

Paneloux, dans un second sermon, admettra que la mort de l'enfant l'a mis au pied du mur, l'obligeant soit d'accepter la promesse de rédemption du Christ, soit de la rejeter. Paneloux gardera la foi, une foi désormais habitée par la souffrance : « Mes frères, le temps de l'épreuve est venu pour nous tous. Il faut tout croire ou tout nier. » Et il dira à Rieux : « Nous travaillons côte à côte pour quelque chose qui nous unit – au-delà du blasphème et au-delà des prières. »

Dans cette scène où deux hommes épuisés sont bouleversés par la mort d'un enfant, Camus semble dire, à lui-même autant qu'à ses contemporains, que face au mal et à la souffrance, la vieille querelle entre le parti de la foi et celui du progrès et de la science, entre ceux qui offrent la consolation et ceux qui se révoltent contre elle, n'a pas lieu d'être. Ces deux « croyances » sont des abstractions, elles sont impuissantes lorsque la vie devient impitoyable et injuste. Face à la mort et au mal, l'important pour Camus n'était pas de savoir qui avait raison, mais qui réconfortait ceux qui souffraient.

L'un des personnages les plus émouvants est celui qui parle le moins. La mère vieillissante du docteur Rieux veille tranquillement, les mains croisées sur ses genoux, sur l'agonie de Tarrou. Dans la faible lumière de la pièce, elle ne semble être qu'une tache d'ombre… « Se penchant au-dessus du lit, elle lissa le contre-plat et, en se redressant, posa un instant la main sur ses cheveux humides et emmêlés. »

De sa propre mère, à Alger, veuve, illettrée, née à moitié sourde et qui gagnait sa vie comme couturière, Camus avait appris que la consolation la plus durable pouvait être sans paroles. Il y a des moments où les mots sont de trop. Il suffit de s'asseoir près du lit d'un malade ou d'un agonisant, de lui tenir la main, de lui donner de l'eau, de changer ses vêtements, de lui faire sa toilette, de l'aider à réduire sa souffrance.

Quand il débarque en septembre 1943 à Paris, qu'il a un bureau chez Gallimard et qu'il travaille au journal clandestin *Combat,* Camus aura de plus en plus de difficulté à achever *La Peste.* L'histoire, en effet, s'accélère: 6 juin 1944 le Débarquement, puis la libération de Paris. En août 1944, il prend la direction éditoriale de *Combat.* Il a trente ans, rencontre Sartre et Beauvoir, tombe amoureux de l'actrice Maria Casarès. Ses éditoriaux dans *Combat* sont célébrés par l'élite intellectuelle parisienne. Pourtant cet « outsider » que le Tout-Paris veut rencontrer restera à l'écart. Par son écriture ? Par ses origines algériennes ? Le manuscrit de *La Peste,* commencé dans la pauvreté, la maladie et l'isolement en 1942, l'aidera à s'éloigner des mondanités factices et des gesticulations des intellectuels à la mode. À travers le docteur Rieux, il peut exprimer son propre désenchantement face à la mauvaise foi qui légitime la soif de vengeance envers des collaborateurs. Comme Max Weber avant lui, Camus en vint, après la libération, à mépriser l'éthique bien-pensante de ses amis intellectuels. Où était l'éthique sobre et simple de la responsabilité dont l'époque avait besoin ? Dans les dernières pages de *La Peste,* Rieux, alors qu'il marchait au milieu de la foule, célébrant la mystérieuse fin de l'épidémie, « avait le sentiment qu'aucune paix ne lui était désormais possible, pas plus qu'il ne peut y avoir d'armistice pour une mère endeuillée de son fils ou pour un homme qui enterre son ami ». Puis il lance un avertissement non seulement pour son époque, mais aussi pour la nôtre : « Il savait ce que ces foules en liesse ne savaient pas, mais qu'elles auraient pu apprendre dans les livres : que le bacille de la peste ne meurt jamais et ne disparaît jamais pour de bon ; qu'il peut rester en sommeil pendant des années et des années dans les meubles et les coffres à linge ; qu'il attend son heure dans les chambres à coucher, les caves, les coffres et les étagères ; et qu'un jour viendrait peut-être où, pour le malheur et la lumière des hommes, il réveillerait à nouveau ses rats et les enverrait mourir dans une ville heureuse. » Camus publiera *La Peste* en 1947. Les intellectuels qu'il fréquentait à Saint-Germain-des-Prés en 1944 et 1945 – Simone de Beauvoir, Jean-Paul Sartre et Roland Barthes – accueilleront le livre avec condescendance. Camus se serait trompé en faisant de *La Peste* la métaphore d'un « virus naturel ». Il aurait dû au contraire la « situer » dans un moment historique, et en faire une accusation contre les classes et les partis corrompus qui avaient conduit à l'effondrement de la France. Camus a refusé cette analyse, estimant que son message n'était pas lié à une époque particulière. La publication de *La Peste* lui a valu, dix ans plus tard, le prix Nobel, un honneur qu'il a ressenti comme un désastre pour lui et pour ses écrits. Une ironie dont il était parfaitement conscient : la période la plus productive, imaginative et pleine de ressources qu'il ait jamais connue en tant qu'artiste avait été l'hiver 1942-1943, quand il était sans le sou, seul, exilé, et qu'il avait eu besoin d'écrire ce qui deviendrait *La Peste.* Il s'efforçait de revenir aux sources de sa créativité – cette enfance dépouillée mais heureuse avec sa mère silencieuse dans un petit appartement de la classe ouvrière d'Alger. Le 4 janvier 1960, quand il se tue dans un accident de voiture près de Sens, il avait sur lui les 160 premières pages d'un manuscrit intitulé *Le Premier Homme,* une réponse aux attaques qu'il avait subies.

En 2020, la pandémie de la Covid allait plonger la Planète dans une torpeur inédite et singulière. Nous étions tous dans le même bateau prenant conscience de notre égale vulnérabilité. Au lieu d'avancer, le temps semblait reculer vers un passé que nous pensions révolu. Le nombre de morts a révélé la fragilité choquante de nos systèmes de prise en charge sociale des personnes âgées et des indigents. Au cours de cette année 2020, nous avons relu *La Peste.* Et comme Camus l'avait écrit, nous avons découvert notre besoin les uns des autres. Il n'y avait pas d'autre consolation, pas d'autre foi que cette conviction, renforcée par le dévouement du personnel soignant : nous ne céderons pas au fatalisme de la mort. Dans *La Peste,* Rieux réfléchit à ce qu'il a appris : le mal qui est dans le monde vient toujours de l'ignorance, et les bonnes intentions peuvent faire autant de mal que la malveillance si elles manquent de compréhension. Dans l'ensemble, les hommes sont meilleurs que mauvais. Camus insiste sur ce point, car une telle foi, aussi invérifiable soit-elle, est la base de tout espoir. C'est aussi la question soulevée par Primo Levi : la vertu de quelques hommes nous console-t-elle de la cruauté et de la lâcheté du plus grand nombre ? Le docteur Rieux l'espère. Camus également, et c'est la consolation qu'il nous accorde... En 1945, à la fin de la guerre, un passage de ses carnets est intitulé « Le sens de mon œuvre » : « Tant d'hommes manquent de grâce. Comment vivre sans grâce ? Il faut vraiment s'y mettre et faire ce que le christianisme n'a jamais fait : s'occuper des damnés. » En 1959, dans l'un de ses derniers entretiens, un journaliste lui avoue qu'il ne voit pas pourquoi il devrait s'occuper des damnés.

Camus lui réplique : « Je ne vois pas pourquoi je devrais m'excuser de m'intéresser à ceux qui vivent en dehors de la grâce. Il est grand temps de s'occuper d'eux, puisqu'ils sont les plus nombreux. » Tout en affirmant : « Nous ne sommes pas des anges, nous ne sommes pas des bienheureux. » Ce qui pour lui signifiait « vivre en dehors de la grâce ». Mais « vivre en dehors de la grâce, ce n'est pas vivre sans espoir, sans consolation ». Que l'on songe à cette vieille femme veillant silencieusement au chevet d'un étranger, lui tenant compagnie dans la nuit, afin qu'il ne meure pas seul.

16.

Vivre dans la vérité

Les lettres de Václav Havel à Olga

Václav Havel[1] est mort le 11 décembre 2011. Sa vie de dramaturge, d'essayiste, de dissident, de prisonnier politique et, enfin, de président de son pays s'est effacée de bien des mémoires. Il appartient à un tournant historique, la chute du mur de Berlin, la libération de Nelson Mandela, ce moment où nous avons osé contrarier le cours de l'histoire. Aujourd'hui, on se souvient surtout de Václav Havel pour sa réponse à un journaliste, en 1986, trois ans avant qu'il ne conduise son pays vers la liberté : « L'espoir n'est certainement pas la même chose que l'optimisme. Ce n'est pas la conviction que quelque chose va bien se passer, mais la certitude que quelque chose a un sens, quelle que soit la façon dont cela se passe. » Cette phrase, reprise dans de nombreux discours, a l'autorité de toute une vie derrière elle. Pendant trois décennies, malgré l'échec, l'emprisonnement et le doute, Havel s'était accroché à une cause qui devait le conduire à la

1. Václav Havel (1939-2011), dramaturge, essayiste et homme d'État tchécoslovaque puis tchèque.

présidence. Si avec le recul, on peut supposer que des personnages comme lui et Nelson Mandela ont toujours cru que la victoire leur reviendrait un jour, tant l'un que l'autre ont dû douter de leurs espoirs. Leur obstination est surtout une victoire sur le désespoir.

Dans le cas d'Havel, du moins en 1986, cette citation visait le pessimisme du grand écrivain tchèque Milan Kundera sur la possibilité d'un changement dans la Tchécoslovaquie communiste. Le roman de Kundera *L'Insoutenable légèreté de l'être,* publié en 1984, avait immortalisé l'atmosphère morale de Prague après 1968, quand Havel, alors âgé d'une trentaine d'années, faisait circuler des pétitions pour la libération des prisonniers politiques arrêtés après l'occupation de son pays par les chars soviétiques. Pour un des personnages de Kundera, il est inutile de signer de telles pétitions. Elles ne permettront pas d'obtenir la libération de qui que ce soit. Les pétitions sont essentielles, insiste Havel, surtout pour celui qui est en prison. Savoir que quelqu'un essaie, même si c'est sans espoir, de vous faire libérer vous aide à survivre. Comment Kundera aurait-il pu le savoir ? Depuis 1975, il était en sécurité à Paris, tandis qu'Havel, resté à Prague, avait fait de la prison pour avoir défié le régime en tant que principal porte-parole des dissidents. Pire, Kundera avait succombé à un fatalisme qui donnait l'impression que toute politique était une perte de temps. Intellectuel marxiste qui avait cru avoir la main sur le volant de l'histoire, Kundera semblait se résigner, écrivant que l'histoire était « une divinité intelligente qui ne pouvait que nous détruire, nous tromper, nous abuser ou, au mieux, nous faire des blagues ».

A contrario du détachement de Kundera, l'histoire pour Václav Havel « n'est pas quelque chose qui se passe ailleurs : elle se passe ici. Nous contribuons tous à la faire ». Si nous la faisons tous, nous pouvons aussi en infléchir le cours, chacun à notre manière : Kundera avec ses romans, les journalistes avec leurs interviews, les dissidents avec leurs pétitions. Tel a été le chemin de Havel : un refus obstiné de se plier au régime et des années de prison. Trois ans après cette interview, lorsque Havel se tient, en novembre 1989, sur le balcon de la place Venceslas devant 250 000 personnes, et que le régime communiste est vaincu par la « Révolution de velours[1] », il aurait pu penser que l'histoire était enfin passée de son côté. Trop éprouvé par son expérience, il ne se laissa pas aller à l'euphorie. Sa vie de dissident lui avait appris que nous sommes les artisans de notre histoire, mais pas comme nous l'entendons, ni même comme nous l'espérons. Mais, alors, comment a-t-il pu garder l'espoir ?

Havel s'est souvent posé cette question. Jamais autant que l'été 1982, alors dans sa troisième année de prison à Bory pour avoir défié le régime communiste. Il n'aimait pas parler de son incarcération, mais pour un intellectuel de la classe moyenne âgé de 40 ans, le réveil fut brutal. Déjà détenu en 1977, à la prison de Heřmanice, il avait appris à utiliser un chalumeau et à démonter des câbles électriques dans la crasse et le froid d'un hangar. Le directeur de la prison avait choisi de mal traiter son prisonnier le plus célèbre et l'envoya au « mitard » pour avoir tenté de convaincre un codétenu de ne pas se suicider. À la prison de Bory, il travaille à la blanchisserie. Les autres prisonniers, pour la plupart des petits délinquants, le laissaient tranquille. Il restait silencieux, méfiant, enfermé dans ses réflexions, seule façon d'être libre. Il rêvait de l'extérieur, hanté par les odeurs de son enfance – l'odeur de son chien sortant d'une rivière boueuse ; l'odeur sèche des costumes sur les étagères du théâtre de la Balustrade à Prague où il avait

1. Les manifestations du 16 novembre au 29 décembre 1989.

travaillé à l'âge de vingt ans ; l'odeur du foin dans la campagne tchèque… Le samedi soir, dans un de ses rares moments de calme, sur sa couchette, il écrivait une lettre de quatre pages à sa femme Olga. Un soir de mai 1982, avec les autres prisonniers, il regardait à la télévision le bulletin météo de la nuit, présenté par une femme du service météorologique de l'État. Le son s'est soudain interrompu et la femme, consciente que quelque chose n'allait pas, était incapable de faire quoi que ce soit. Havel écrira à Olga que le manteau de la routine était tombé et que devant lui et les prisonniers se tenait une femme confuse, malheureuse, embarrassée, désespérée. Elle avait du mal à retenir ses larmes. Exposée à la vue de millions de personnes, mais désespérément seule, jetée dans une situation inconnue, inattendue et insoluble, elle tenait là dans toute la nudité primordiale de l'impuissance humaine. C'était une image à laquelle il pouvait s'identifier, ce moment terrifiant où l'on « sèche », où l'on oublie son texte, où l'on se retrouve nu devant un public, et où se révèle l'être humain qui tremble. Les autres prisonniers ont sifflé ou hué de joie en voyant l'humiliation d'une fidèle servante du régime – le respect de la ligne du parti était obligatoire, même dans le service météorologique tchèque – mais Havel, rempli de compassion, voulut tendre sa main vers l'écran et caresser les cheveux de la présentatrice.

La scène, avouera-t-il à Olga, l'a touché au plus profond de son être. Il se sentait responsable « de tout » – aussi fou que cela puisse paraître – y compris de la souffrance silencieuse de cette étrangère. Pourquoi ? Parce qu'il se voyait lui-même dans la gêne qu'elle éprouvait. « La responsabilité », comprendra-t-il une fois de plus, devait être le point d'ancrage de sa vie. À l'époque, il avait lu « *No Identity* » (1970) du philosophe français Emmanuel Levinas, que son frère Ivan lui avait adressé. Levinas aussi avait connu la prison. En 1940, il avait été envoyé comme soldat de l'armée française dans un camp de prisonniers de guerre en Allemagne, où il travailla dans une brigade forestière pendant cinq ans. Juif lituanien, il a échappé aux camps de la mort parce que les Allemands ont dû reconnaître son statut de « prisonnier de guerre », protégé par les Conventions de Genève. Levinas considérait son emprisonnement comme une servitude au sens de la Bible hébraïque. Il citait le Psaume CXIX : « Je suis un étranger sur la Terre, ne me cache pas tes commandements ». Dans son essai, il écrit : « la condition d'étranger et d'esclave en terre d'Égypte rapproche l'homme de son prochain. Dans leur condition d'étrangers, les hommes se cherchent les uns les autres. Personne n'est chez lui. Le souvenir de cette servitude crée l'humanité ». Havel a également noté cette remarque de Levinas : « La responsabilité établit l'identité, mais nous ne sommes pas responsables à cause de notre identité ; au contraire, nous avons une identité parce que nous sommes responsables. » Une phrase qui permet de comprendre son élan de compassion pour la météorologue de la télévision : il avait une responsabilité envers elle, inhérente à son être. De la même manière, lorsqu'il montait dans un tramway à Prague tard dans la nuit, il mettait toujours une pièce dans la fente, même si le conducteur ne regardait pas. Il le faisait parce qu'il sentait la présence d'un œil vigilant qui n'était pas le sien, un œil garant d'une conduite dont il était redevable. Non, dira-t-il à Olga, ce n'était pas Dieu qui le regardait, mais « ce partenaire intime et universel qui est tantôt ma conscience, tantôt mon espérance, tantôt ma liberté et tantôt le mystère du monde ». Václav Havel n'était pas un chrétien pratiquant. Néanmoins, il se sentait « continuellement, toujours » confronté au jugement. « Rien de ce qui est arrivé ne peut plus arriver, tout reste [...] et moi aussi je reste là, condamné à être avec moi-même jusqu'à la fin des temps, tel que je suis. » Cet aveu, pour un homme angoissé à l'idée que tous ses sacrifices de dissident avaient été vains, pour un homme soudain ému aux larmes par la détresse d'une inconnue, se sentant responsable d'elle et des autres, cet aveu fut une bouffée d'oxygène libératrice. D'autres émotions plus intimes sont remontées à la surface. Il était totalement dépendant d'Olga. Elle et son frère Ivan étaient ses seuls contacts avec le monde extérieur. C'est Olga qui lui rendait visite tous les trimestres, qui lui livrait le colis contenant du thé Earl Grey, des cigarettes et sa lotion de rasage. Qui lui donnait les nouvelles et les potins de son cercle de dissidents et des gens du théâtre. De trois ans son aînée, elle fut son premier amour. Une femme de la classe ouvrière, « droite comme un piquet ». Il l'avait rencontrée à Prague à la fin des années 1950, alors qu'elle était ouvreuse de théâtre, et qu'il était apprenti machiniste. Son caractère inflexible, ces jugements directs et tranchants se sont avérés irrésistibles pour ce jeune homme brillant, volubile, incertain et issu de la classe moyenne. Elle serait sa première lectrice, sa critique la plus féroce, sa muse. La mère d'Olga le craignait et ne l'aimait pas, ce qui scella un pacte de rébellion entre les deux jeunes amoureux. Si au moment de son emprisonnement, Havel vivait depuis plus de vingt ans avec Olga, ses nombreuses infidélités avaient laissé leur mariage en lambeaux. Quand la police est venue l'arrêter, il n'était pas chez elle, mais chez Anna Kohoutová, l'ex-femme d'un ami dissident. L'indulgence d'Olga, bien qu'il ait toujours avoué ses infidélités, est épuisée. Les lettres qu'elle lui adresse sont rares, ce qui n'est pas étonnant car les siennes sont pleines d'exigences – ce dentifrice, pas ça, ce type de thé, pas ça – et dans l'une d'elles, il demandait même à Olga de transmettre un message amical à Anna. Les premières visites furent tendues, avec des émotions qu'aucun des deux n'avait envie de partager, moins encore avec les gardes qui les surveillaient. Elle le punirait par un silence impérieux, le laissant la supplier de lui répondre. La prison lui a appris à quel point il était vulnérable, à quel point il avait besoin d'elle. Il prit l'habitude de dire qu'elle était devenue son roc, sa seule certitude. Si elle ne l'a jamais abandonné, elle n'hésitait pas à le mettre en porte-à-faux. Mais tout homme qui tire sa force de l'adhésion à des principes moraux n'a pas d'autre choix que de rester avec une femme qui lui rappelle, de peur qu'il ne l'oublie, quel genre d'homme il doit être.

L'autorité morale est une chose, l'amour et le désir en sont une autre. Les lettres sont froides. Certes elles témoignent d'un lien indissoluble, mais fondé sur un examen sans complaisance de l'un par l'autre. Elles ont été éditées sous le titre *Lettres à Olga*[1]. Lorsque ses amis lui ont demandé pourquoi cette correspondance était si impersonnelle, offrait si rarement des mots de réconfort et d'amour, il a répondu qu'il fallait se rappeler que les lettres passaient par la censure de la prison. De plus, ajouta-t-il, Olga et moi n'avions « jamais pris l'habitude de s'avouer nos sentiments l'un pour l'autre… Nous sommes tous deux réticents, bien que cette réticence ait une source différente chez chacun d'entre nous : l'orgueil chez elle, la honte chez moi ».

Il cherchait à lui pardonner, et à se pardonner. Il était hanté par un épisode qui remontait à sa première détention à la prison de Ruzyně, de janvier à mai 1977, dans l'attente de son procès pour son rôle de porte-parole de la dissidence. Il a été interrogé par un policier astucieux qui, selon ses mots, a exploité toutes ses faiblesses propres à la classe moyenne : son désir de plaire, son intelligence et son sentiment de supériorité

1. Éditions de l'Aube, 1990.

intellectuelle. L'interrogateur a joué de ces éléments pour qu'il accepte de quitter ses fonctions de porte-parole du mouvement dissident, en échange d'une libération anticipée. Havel est tombé dans le piège et il ne se pardonnera pas d'avoir cru qu'il avait baladé son inquisiteur. Il s'était déshonoré aux yeux de beaucoup de dissidents de Prague. Lorsqu'il fut libéré, ses amis le comprirent mais il traversa la période la plus sombre de sa vie : « des semaines, des mois, des années de désespoir silencieux, d'autocensure, de honte, d'humiliation intérieure, de reproches et d'interrogations incompréhensibles ». Il avouera que seule Olga avait une idée de l'ampleur de son désespoir.

Contrairement à ses infidélités, ce manquement trop humain compromettait l'essentiel de son autorité morale en tant que porte-parole d'un mouvement qui n'avait guère que cette « autorité morale » pour lui donner du poids. Il se savait incapable de reprendre son *leadership* s'il ne parvenait pas à étouffer la honte qui suintait de cette blessure non cicatrisée. Avec l'aide de Levinas et la catharsis de la compassion pour Olga, il avait redécouvert les racines de son engagement envers les autres. Il lui fallait maintenant se pardonner à lui-même d'avoir failli à son devoir. « Vivre dans la vérité » ne lui laissait aucune marge de manœuvre pour de fausses consolations. Pour se pardonner, il devait assumer la responsabilité de sa faiblesse et de son échec dans les salles d'interrogatoire de la prison de Ruzyně. Dans ses *Lettres à Olga,* il écrit : « Il n'est pas difficile d'assumer ses succès. Mais accepter la responsabilité de ses échecs, les accepter sans réserve comme des échecs qui sont vraiment les siens, qui ne peuvent pas être déplacés ailleurs ou sur quelque chose d'autre, et accepter activement – sans tenir compte des intérêts mondains, même s'ils sont bien déguisés, ou des conseils bien intentionnés – le prix qu'il faut payer pour cela : c'est diablement difficile ! Mais ce n'est qu'à partir de là que le chemin mène – comme mon expérience, je l'espère, m'en a persuadé – au renouvellement de la souveraineté sur mes propres affaires, à une vision radicalement nouvelle de la gravité mystérieuse de mon existence en tant qu'entreprise incertaine, et à sa signification transcendantale. »

Assumer l'échec, c'était cesser de prétendre que la personne responsable était un moi rejeté et accepter que cette personne fût toujours et éternellement vous. Accepter ce moi raté, c'est cesser de repousser sa honte. C'est ce qu'il faut vraiment pour « vivre dans la vérité ».

C'était aussi comprendre, à l'avenir, qu'il ne pourrait jamais considérer sa propre vertu comme acquise, qu'il devrait être conscient de sa vulnérabilité. Dans la salle d'interrogatoire de Ruzyně, il n'a fallu qu'un « moment d'inattention », de « confiance inconsidérée en ce que l'on est ». Il ne ferait plus jamais confiance à ce qu'il était. Sa vie ne lui apparaissait plus comme un destin, mais plutôt comme un labyrinthe de choix périlleux, dans lequel chaque faux pas ou mauvais virage comportait le risque d'une trahison.

Au cours de l'été 1982, ses lettres circulaient à Prague, et il publia certaines d'entre elles dans une édition *samizdat* (clandestine). En les appelant *Lettres à Olga,* il reconnaissait le rôle de confesseur de celle-ci. Un ami philosophe rédigea une introduction faisant le lien avec Boèce. Les lettres ont donc été présentées comme une consolation de la philosophie contemporaine. Les similitudes et les différences entre les deux textes méritent d'être soulignées. Dans les deux cas, un homme cherche à se consoler auprès d'une femme – dans le cas de Boèce auprès de Philosophia, dans celui de Havel, auprès d'une femme « réelle », mais qu'il a trahie. Si la consolation que recherche Boèce est d'être en paix avec son destin, Havel recherche le pardon.

La réflexion de Havel sur l'espoir et son appel à « vivre dans la vérité » est le fruit d'une profonde confrontation avec lui-même. À la fin de sa détention, il était convaincu d'avoir mérité sa liberté en ayant trouvé la force de se pardonner. Quand il sort de prison au début de 1983, « vivre dans la vérité » n'est pas devenu plus facile. Il a repris sa liaison avec Anna, puis avec une autre femme, et Olga a trouvé un autre homme, bien qu'elle ne le quitte jamais. Elle restera jusqu'à la fin sa confidente et son juge. Sept ans après sa sortie de prison, il deviendra, en 1990, président de la République tchèque. Au début, il était euphorique et flatté par l'attention que sa vie extraordinaire suscitait dans les capitales du monde. À Washington et à Londres, à Paris et à Berlin, il fut couvert de prix et de diplômes. Mais il y avait toujours une partie de lui qui le regardait comme un spectateur. Il parodiait allègrement sa propre vie : « Le petit Honza[1] se bat si longtemps contre le mur que celui-ci finit par s'effondrer et qu'il devient roi et règne pendant treize longues années. »

L'histoire de sa vie est devenue un cliché porteur d'espoir pour d'autres, et c'est peut-être pourquoi il est resté si longtemps à la présidence. Ses amis les plus proches se demandaient, aussi, pourquoi il tenait bon. Une grande partie de son mandat aura été une *via dolorosa,* mais il n'a jamais cessé d'avancer. Le pays s'est divisé en deux pendant sa présidence ; il a été régulièrement déjoué par le Premier ministre Václav Klaus ; il a enjoint son peuple, dans des discours éloquents, de se méfier de la corruption, de l'égoïsme et du vide spirituel. Son peuple ne l'a pas écouté.

1. Dans le texte, *Honza* est une manière pour Václav Havel de parler de lui-même de façon détachée et humoristique. *Honza* est un diminutif affectueux du prénom tchèque Jan, souvent utilisé pour désigner un personnage simple ou humble dans les contes populaires tchèques.

En 1996, Olga est décédée d'un cancer. Il se remarie peu après avec une actrice bien plus jeune, ce qui lui vaut des sarcasmes. Il reste ferme : son amour et sa détermination à se soigner lors d'une mauvaise passe lui sauvent la vie.

Les critiques à son égard se multiplient. Il ne quittera pas le château de Prague, l'exercice du pouvoir lui démontrant « que si on existe vraiment, que l'on a une identité propre et indéniable, que l'on laisse, à chaque mot et à chaque acte, une trace très visible dans le monde ». Pourtant, le pouvoir l'a dépossédé de lui-même : ses discours sont devenus défensifs ; ses collaborateurs ont cessé de lui dire la vérité. Il n'a plus le temps d'être lui-même, ni même d'être avec lui-même. S'il avait fait de « vivre dans la vérité » le socle d'une vie authentique, au crépuscule de ses années de pouvoir, souvent déprimé, il a dû se demander s'il n'avait pas vécu un mensonge.

Quand il quitte le pouvoir en 2003, le gouvernement américain lui offre un bureau à la Bibliothèque du Congrès et une maison à Georgetown. Il s'y rendra plusieurs fois. De partout on vient le rencontrer chez Madeleine Albright[1] et il discute, dans son anglais inimitable, de l'état des affaires du monde. George W. Bush, le président des États-Unis, le reçoit à la Maison-Blanche. Dans un ascenseur du Capitole, un jeune homme lui dit qu'il avait toujours été son idole ; après qu'il l'eut remercié, le jeune homme lui demande s'il avait vraiment écrit *L'Insoutenable légèreté de l'être.* « Être confondu avec l'un de vos principaux antagonistes est, dira-t-il, une situation véritablement kunderienne. »

Son humour et son autodérision lui ont permis de traverser ses dernières années, bien que de plus en plus souvent seul,

1. Madeleine Albright (1937-2022), diplomate, femme politique et femme d'affaires américaine.

dans la maison de campagne de Hrádeček qu'il avait partagée avec Olga. Il fuyait le public, la politique, les gens, même sa nouvelle femme. Et peut-être lui-même ? Pourquoi, se demandait-il, continuer à s'occuper de la maison, à la maintenir en ordre ? « Tout devait être aligné avec chaque chose, rien ne pouvait dépasser le bord d'une table ou être de travers. » Pourquoi le réfrigérateur était-il toujours plein alors qu'il ne pouvait presque rien manger ? C'est comme s'il attendait constamment la visite de quelqu'un. Mais qui ? Une belle femme ? Un sauveur ? De vieux amis ? Probablement rien de tout cela : « Je me prépare constamment pour le dernier jugement, pour la plus haute cour à laquelle rien ne peut être caché, qui apprécie tout ce qui doit être apprécié, et qui, bien sûr, remarquera tout ce qui n'est pas à sa place. » Pourquoi se souciait-il de ce « dernier jugement » ?

Parce que, disait-il, son « existence avait bouleversé la surface de l'Être » et que la petite vague qu'il avait laissée – en tant que dissident, prisonnier et président – avait changé le monde, sa vie devait être jugée, évaluée, pesée. Il mourut en 2011 dans sa maison de campagne, auprès d'une infirmière militaire.

Peu d'hommes comme Václav Havel ont marqué l'histoire, et été aussi implacables dans leur examen de conscience. Extraverti, ayant appris l'introspection en prison, il a trouvé, malgré ses défauts, le moyen de vivre dans la vérité, du mieux qu'il le pouvait, et d'inspirer les autres à faire de même. Il savait depuis longtemps qu'il s'était jugé lui-même et qu'il n'avait rien à craindre du dernier jugement. Sa lucidité lui a-t-elle apporté une consolation ?

17.

La bonne mort

Cicely Saunders et l'hospice

DES DERNIÈRES heures de ma mère, il y a près de trente ans, je me souviens des bruits : le crissement des chaussures sur le linoléum du couloir de l'hôpital, les cliquetis des moniteurs et des machines, une radio quelque part au loin, et le râle de sa respiration alors qu'elle se tournait et se retournait.

Mon frère à la tête du lit lui massait les épaules tandis que je lui tenais la main. Elle ne savait pas que nous étions là. Et puis, un jeune médecin en blouse verte est entré, a regardé son dossier et a demandé si elle avait besoin d'une autre injection. Sa respiration venait de s'arrêter. Elle n'avait plus besoin de rien. Le médecin a secoué la tête d'un air perplexe, les infirmières nous ont fait sortir et je n'ai jamais revu ma mère.

Quand mon père, victime d'une crise cardiaque, fut transporté en ambulance au service de soins intensifs d'un hôpital, mon frère, qui vivait alors à Toronto, a pu lui rendre visite. Il est mort cette nuit-là. J'étais de l'autre côté de l'Atlantique et je n'ai pas pu arriver à temps.

Ces deux décès à l'hôpital m'ont laissé un profond chagrin. J'aurais aimé que mes parents puissent avoir une belle mort, que nous puissions être ensemble et parler une dernière fois. Cette salle d'hôpital, cette unité de soins intensifs, n'était pas un lieu de consolation.

Au milieu du xxe siècle, des deux côtés de l'Atlantique, des médecins, des infirmières et des patients ont cherché à changer la façon dont nous mourions. Cette nouvelle génération de médecins et d'infirmières a commencé à comprendre que, même si aucun traitement, n'était possible, l'espoir subsistait, sinon de guérir, du moins de faire la paix avec la vie, de se réconcilier avec des enfants éloignés, de guérir de vieilles blessures psychiques, de mettre de l'ordre dans ses affaires et de quitter l'existence avec le sentiment que tout était en ordre. Mourir n'était pas la fin de l'espoir : même dans l'ombre de la mort, il y avait encore des choses à accomplir et à résoudre. Là réside la possibilité d'une consolation et celle d'une institution où cette consolation pourrait être offerte.

De nombreuses personnes ont contribué à ce changement, mais aucune ne l'a fait comme Cicely Saunders, une médecin britannique. Elle a réinventé l'hospice, qui remontait au Moyen Âge, pour créer une version du xxe siècle. Dans son nouvel hospice, les progrès réalisés dans le traitement des souffrances terminales et des soins prodigués avec compassion aux patients sont associés à la façon de donner aux mourants le temps de se réconcilier avec la mort et de l'affronter avec autant de sérénité que possible. Elle a ainsi contribué à mettre en place une pratique laïque de la consolation, élaborée à partir de la psychologie, du traitement de la douleur et de la thérapie. Comme la psychiatre Elisabeth Kübler-Ross, pionnière de l'approche des soins palliatifs aux États-Unis, Saunders pensait que, confrontés à la perspective de la mort, nous commencions tous par résister ou par nier, mais que presque tous nous parvenions à un stade de réconciliation avec notre destin. Elles estimaient que nous pouvions, ainsi, échapper à la peur de la mort. Chacune s'est inspirée des textes déjà évoqués dans ce livre – Job, les Psaumes et Camus pour Saunders ; Freud, Jung et leurs disciples pour Kübler-Ross. Chacune s'est également tournée vers une source ignorée par la plupart de leurs collègues masculins : la « parole de leurs patients mourants ». Elles ont découvert que l'angoisse de la mort ne se limitait pas à la douleur et à la peur. C'était aussi le sentiment, parfois désespéré, parfois enragé, qu'on ne les écoutait pas et qu'on leur refusait même la vérité. Ce dont les mourants avaient besoin, c'était de parler de leur vie et de lui donner un sens, de se pardonner et de pardonner aux autres, de se réconcilier avec leur fin prochaine.

Pour placer ces questions au cœur de la pratique médicale, Saunders a dû se confronter à la division du travail fondée sur le sexe, bien ancrée dans la médecine hospitalière des années 1960. Dans les hôpitaux de cette époque, la thérapie et le traitement restaient l'apanage de médecins masculins, le traitement de la douleur était l'affaire d'infirmières, et la consolation était laissée aux aumôniers. Saunders a fait éclater ce système en inaugurant une nouvelle pratique de soins palliatifs dans laquelle la consolation est devenue aussi importante que les soins et les médicaments contre la douleur. Il existe aujourd'hui des hospices dans la plupart des pays du monde et des soins palliatifs dans la plupart des hôpitaux.

Cicely Saunders a suivi à Londres, en temps de guerre, une formation d'infirmière, mais c'est après la guerre qu'elle a décidé que l'œuvre de sa vie serait de s'occuper des mourants. Un matin de janvier 1948, alors qu'elle travaillait comme assistante sociale à l'hôpital St Thomas de Londres, elle a reçu un appel d'une logeuse de Soho lui annonçant qu'un de ses patients récemment sorti de l'hôpital s'était effondré. Lorsqu'elle arriva à Soho, son patient, David Tasma, était sur le point d'être embarqué dans une ambulance. Il lui demanda s'il allait mourir. Elle lui dit que oui, que son cancer de l'intestin était en phase terminale. Il lui demanda si elle lui rendrait visite. « Qu'est-ce que je pourrais faire d'autre? », s'entendit-elle lui répondre. Elle lui rendit visite presque tous les soirs pendant deux mois, dans le service bondé d'un hôpital londonien, écoutant ses paroles chuchotées au milieu du bruit de la vaisselle, des chariots, des gémissements. C'était un Juif polonais, âgé de quarante ans seulement, arrivé à Londres avant la guerre et qui travaillait comme serveur au restaurant kasher de Biedak, dans Denmark Street. Il avait perdu toute sa famille pendant la guerre et se trouvait maintenant seul face à la mort. Il lui avoua qu'il avait l'impression de mourir sans avoir vécu, sans avoir, comme elle le dirait plus tard, « laissé ne serait-ce qu'une vague sur l'eau ». Les visites de Saunders étaient la seule preuve qu'il comptait pour quelqu'un.

Près de ce lit, séparé des autres par un rideau, l'idée qu'il devait y avoir un meilleur endroit pour les patients mourants a germé dans l'esprit de Saunders, qui s'en est ouverte à David Tasma. Enthousiasmé, ce dernier a dit qu'il la désignerait comme bénéficiaire de son assurance vie, afin qu'elle puisse créer un tel endroit. Elle tenta de l'en dissuader. Il persista. Lui était petit-fils de rabbins, elle, une fervente chrétienne évangélique. Elle tenta de le convertir. Tasma, de plus en plus faible, lui demanda de « dire » quelque chose pour le « réconforter ». Elle lui récita le Psaume XXIII « Le Seigneur est mon berger », puis le Psaume XCV « Venez, chantons pour le Seigneur », et enfin le Psaume CXXI « Je lèverai mes yeux vers les collines ».

Enfin elle sortit la Bible de son sac pour lui lire des extraits. Il secoua la tête : « Je ne veux que ce qui est dans votre esprit et dans votre cœur. » Le 25 février 1948, alors qu'il sombrait dans l'inconscience, elle lui dit « au revoir » et prit le bus pour rentrer chez elle. Il est mort une heure après son départ.

Saunders a daté le début de l'œuvre de sa vie à ces semaines passées en compagnie de David Tasma, dont la mort l'avait poussée à devenir médecin car « la plupart des médecins se désintéress[ai]ent de leurs patients mourants », ajoutant qu'il y avait beaucoup à apprendre sur le contrôle de la douleur. Diplômée de médecine, elle a commencé à travailler dans un hospice catholique à Londres. Cet établissement incarnait les « pratiques de compassion » remontant à l'époque médiévale. Pire, il était presque « totalement ignorant » des avancées modernes en matière de contrôle de la douleur, et elle a fait de la gestion de la douleur sa spécialité. À l'époque, les patients n'étaient soulagés que s'ils souffraient terriblement, comme s'ils devaient « mériter » leurs médicaments. Elle a mis en place un régime de doses régulières, mais légères, de médicaments visant à anticiper la douleur et à la supprimer complètement. Elle a démontré que cette approche ne créait pas de dépendance aux médicaments. Plus important encore, elle avait compris que pour tous les patients, comme ceux atteints d'un cancer, le contrôle de la douleur était la condition préalable et essentielle au processus d'acceptation de la mort.

Au cours de l'été 1960, elle fit une deuxième rencontre avec un patient polonais, Antoni Michniewicz, aristocrate et ingénieur très cultivé, atteint d'un cancer des os. Il avait cinquante-huit ans, de quinze ans son aîné. Leur relation est devenue de plus en plus confessionnelle. C'est elle qui lui annonça que sa maladie était en phase terminale. Au lieu de se détourner ou de réagir avec désespoir, il l'a regardée avec tendresse et lui a demandé s'il lui avait été difficile de le lui dire. « Oui, très difficile. » Et il lui déclara qu'il était tombé amoureux d'elle. « Mon monde s'est soudain défait sans prévenir », dira-t-elle, leur relation allait violer toutes les normes déontologiques, mais les infirmières catholiques l'ont protégée. Elle lui rendait visite tous les soirs, des rideaux les séparant des autres patients, et discutait avec cette intensité tranquille que les derniers instants rendent possible. Il lui baisait la main, qu'elle portait à son visage, il admirait sa montre, celle que lui avait laissée David Tasma. « Je ne peux rien te donner, lui disait-il, rien d'autre que du chagrin. » Elle murmurait : « Il n'y a jamais eu quelqu'un comme toi. »

Lui fervent catholique, elle protestante évangélique, leur foi religieuse les a soutenus au cours des dernières semaines. Il est mort un soir d'août. Elle s'occupait d'un autre patient, et le lendemain, revenue à l'hôpital, elle a trouvé son lit vide. Elle est restée dans l'embrasure de la porte, incapable de bouger.

Elle avait accompagné un homme au bord de la mort et était tombée amoureuse. Les semaines qu'ils ont passées ensemble ont été leur *Liebestod* (mort d'amour). « Le temps n'est pas une question de durée, a-t-elle déclaré des années plus tard à un intervieweur. C'est une question de profondeur. Lorsque des patients mourants me disaient qu'ils n'avaient plus le temps, je leur répondais qu'il y avait toujours assez de temps, à condition d'être avec quelqu'un pour le partager. »

Après la mort d'Antoni, sublimant ses angoisses, elle a écrit des rencontres imaginaires avec lui, dans l'au-delà. Ce fut la période la plus productive de sa vie, celle où elle a conceptualisé l'échafaudage d'idées et de pratiques sur lequel son travail ultérieur serait construit. Elle lit, avec voracité, le philosophe juif Martin Buber, les mémoires de Viktor Frankl sur l'Holocauste *Retrouver le sens de la vie*, *L'Évangile des souffrances* de

Søren Kierkegaard. Elle étudie les travaux ignorés de médecins américains des années 1930 sur les mourants. Pour le réconfort spirituel, elle se tourne vers le mystique religieux Teilhard de Chardin ; pour les approches psychologiques, elle lit Nietzsche, et *La Peste* de Camus, accordant une attention particulière à la scène où le jésuite et le médecin, après avoir essayé en vain de sauver un enfant mourant, avouent que, malgré leurs croyances différentes, ils mènent la même bataille pour sauver les vivants. Pour elle, cette scène n'était que trop réelle. Un jour, dans un service de soins à Londres durant la guerre, elle avait passé une longue nuit à écouter les gémissements d'un enfant agonisant d'une méningite spinale. Cinquante ans plus tard, elle entend encore ses gémissements. « Les patients mourants aiment généralement être légèrement surélevés ou couchés sur le côté. Ils ne restent à plat sur le dos que parce qu'ils ne peuvent pas bouger, écrit-elle. Ils ont besoin d'oreillers disposés de manière que leur tête ne tombe pas vers l'avant. Ils ont souvent peur de l'obscurité et ont besoin de lumière et d'air frais. L'oxygène leur apporte peu de réconfort et ils détestent les masques. Leurs mouvements sont souvent des tentatives pour se débarrasser de leurs vêtements, qui doivent être légers. » Ce souci du détail est la forme que prennent la compassion et la consolation, chez elle. Cet humble souci du détail que Tolstoï illustre dans son inoubliable *La Mort d'Ivan Ilitch.* La seule personne qui réconforte réellement le conseiller d'État dans ses heures solitaires d'agonie est le vieux serviteur qui, nuit après nuit, lui masse les pieds.

Saunders savait comment masser les pieds, traiter les escarres, retourner les patients, prévenir les irritations et les infections dues aux cathéters. Elle avait un humour chaleureux à l'égard de ses patients : des vieillards la suppliaient de ne pas les laver de fond en comble, car, murmuraient-ils, « ils m'ont trop lavé » dans un autre hôpital ; de vieux alcooliques cancéreux sortaient en cachette pour boire au pub, pensant qu'elle n'avait rien vu... Elle avait aussi appris à ne pas avoir peur pour elle-même, à dire aux proches de ne jamais parler comme si le patient n'était pas là. Même inconscient, il peut toujours entendre.

Dans la relation délicate entre la consolation et la vérité, elle était devenue « pragmatique ». Chaque patient est différent. Chacun a une tolérance différente à la réalité, à la vérité. « La porte de l'espoir doit être fermée lentement et doucement », écrit-elle, car un faux espoir n'est pas une consolation. Grâce à *La Peste,* grâce aux heures passées au chevet de patients athées ou agnostiques, elle a fini par accepter qu'elle n'avait pas à prêcher l'espoir religieux aux mourants, quand l'espoir médical n'existait plus. L'hospice qu'elle a créé était une communauté unie non pas par des croyances communes mais par un respect partagé des besoins individuels de chaque mourant. « Les pouvoirs d'auto-illusion de l'homme sont presque incroyables. Un médecin peut ne pas reconnaître chez lui des symptômes qu'il diagnostiquerait chez n'importe qui d'autre et peut rester dans l'ignorance totale de sa mort imminente. »

Au milieu des années 1960, marquée par le chagrin – après la mort de son père et d'Antoni –, Saunders publia un premier compte rendu de ce qui deviendrait sa principale intuition sur les mourants : leur douleur, dit-elle, n'est pas seulement physique, elle est aussi sociale, psychologique et métaphysique. Dans leurs derniers jours, les patients s'inquiètent pour leurs enfants, leurs affaires financières ; ils jettent un regard angoissé sur leur vie ; ils sont rongés par le regret et la culpabilité pour des actes et des omissions qui remontent parfois très loin dans le passé. Leur douleur est « totale » : une combinaison écrasante d'afflictions du corps et de l'âme. Une de ses patientes, Mme Hinson, une ouvrière, à qui elle demandait où elle avait mal, lui avait répondu : « Eh bien, Docteur, la douleur a commencé dans mon dos, mais maintenant il semble que tout va mal en moi. »

Si « tout va mal », les soins palliatifs doivent englober le soutien, la thérapie, les conseils financiers, les interventions auprès de la famille, la médication et les soins prodigués avec compassion. C'est l'écoute. « Veillez avec moi » est l'expression utilisée par Saunders pour exprimer le sens de la consolation. Cela signifiait « être là », comme lui dirait un mourant, c'était « que quelqu'un ait l'air d'essayer de me comprendre ». Elle savait écouter avec compassion, sans sentimentalisme. « Nous ne pouvons jamais vraiment comprendre une autre personne, pas plus que nous ne pouvons modifier la dureté de ce qui se passe. » Au moins pouvait-elle « veiller ».

En 1967, grâce à l'assurance vie de David Tasma, Cicely Saunders a pu financer et ouvrir le St Christopher's Hospice, un établissement de soixante lits dans le Sud de Londres. Au cours des quarante années qui ont suivi, l'établissement a été le premier à évaluer scientifiquement les traitements avancés contre la douleur, à former des milliers de médecins et d'infirmières aux soins palliatifs, à fournir ses soins aux patients et à leurs familles des quartiers ouvriers alentour. Un vitrail commémore le don de Tasma. Des médecins viennent du monde entier. L'un d'entre eux, Balfour Mount de Montréal, a inventé le terme « soins palliatifs » pour définir le travail de Saunders et de son équipe. Au lieu de croire, comme nous le faisons souvent, que la mort est le moment le plus solitaire de notre vie, Saunders a compris qu'il s'agissait d'un moment qui exigeait un cadre institutionnel ayant une dimension sociale, familiale et publique. Les mourants avaient non seulement besoin d'un lieu de consolation, mais de pouvoir aussi utiliser ce lieu pour consoler leurs visiteurs.

Je n'ai rencontré Saunders qu'une seule fois, à l'hospice St Christopher's, un après-midi de 1996. C'était une grande femme d'une soixantaine d'années aux épaules larges, aux cheveux blancs bien coiffés, habillée de tweed et d'un chemisier à volants orné d'une broche. Elle parlait avec la précision des classes moyennes supérieures anglaises d'une époque antérieure et ressemblait à un juge de paix, ce personnage incontournable des fêtes de comté et des réunions d'auxiliaires d'église. Elle m'a offert un whisky, en se servant un grand verre. C'était une femme extrêmement intelligente, dont la curiosité intellectuelle et l'étendue des connaissances allaient à l'encontre de l'image qu'elle s'était forgée d'une paysanne anglaise. C'était une romantique incorrigible, dont la joie de vivre et les rires francs résonnaient dans les couloirs de St Christopher's. Elle m'a montré avec fierté et amour les nombreuses peintures à l'huile qui ornaient les murs et qui, expliqua-t-elle, étaient l'œuvre de son mari polonais (« mon troisième Polonais »), décédé un an plus tôt. Elle était également redoutable dans son argumentation, en particulier sur le sujet de l'euthanasie. Tout ce à quoi elle avait consacré sa vie était menacé par l'idée de plus en plus répandue du droit « de mourir dans la dignité », c'est-à-dire le droit de mettre fin à sa vie lorsque celle-ci ne semble plus supportable. Il est faux, disait-elle, d'appeler cela « mourir dans la dignité ». L'infirmière en elle se révoltait. Même pour les patients atteints d'une maladie neurologique, il était possible de préserver leur dignité et leur autonomie jusqu'au bout. Elle s'en est tenue toute sa vie à ces convictions. Plus de quarante ans auparavant, elle avait écrit : « Nous ne pouvons pas prétendre disposer directement de la vie. Il ne nous appartient pas de dire que la souffrance est inutile ou que le patient n'a plus rien à faire ou à apprendre dans cette vie. L'homme n'est pas maître et possesseur de son corps et de son existence. » Ses idées sur la consolation reposaient sur cette conviction : nous ne sommes pas maîtres de notre corps et la tâche difficile qui nous incombe est de faire la paix avec notre vie.

Pouvons-nous atteindre ce moment de paix et de réconciliation qu'elle considérait comme naturel ? Chacun d'entre nous y répondra ou n'y répondra pas, le moment venu. Être consolé dans nos dernières heures n'est possible que si nous n'abandonnons jamais l'espoir de donner, à ceux que nous aimons, un sens à notre mort, avait compris Cicely Saunders. Nous ne pouvons mourir que si nous sommes en paix, dans un lieu qui respecte l'importance des dernières heures de notre vie.

Dans les dernières années de la sienne, elle a développé un cancer qu'elle a supporté avec force et humour. Au cours de ses derniers mois, elle est revenue à St Christopher's, cette fois comme patiente, en soins palliatifs. Elle s'est éteinte le 14 juillet 2005, à quatre-vingt-sept ans. Il faut espérer que ce qu'elle avait fait pour consoler tant de patients au seuil de la mort, elle a pu le faire pour elle-même.

Épilogue

Mes parents sont morts à trois ans d'intervalle, il y a trente ans. J'ai passé un long moment dans un état de désolation. Devant eux je jouais ma vie. Soudainement ses deux sièges de théâtre vides, la pièce semblait de peu d'intérêt. J'étais inconsolable.

Aujourd'hui, de nouveau amoureux, j'ai trouvé quelqu'un qui me comprend. De voir mes deux enfants grandir, de voir sur leurs visages les traits de mon père et de ma mère, m'a permis de retrouver l'espoir. Je revois mon père marcher au bord de la mer dans les vagues, se pencher pour ramasser un coquillage. Je revois ma mère dans sa robe rouge me demander comment je la trouvais. Ils resteront toujours une présence bienveillante dans ma vie. Sur le rebord de la fenêtre de ma chambre se trouve un cheval sculpté dans une racine noueuse d'épinette canadienne par mon père, un jour d'été, au chalet de la baie géorgienne, il y a plus de soixante ans. Je le regarde et je pense, débarrassé de la tristesse et de la colère qui nous séparaient parfois, à quel point je suis reconnaissant qu'il ait été mon père et que je sois son fils. Je ne suis pas non plus hanté par le souvenir de ma mère, incapable de parler, incapable de se souvenir de nos noms. Je me souviens plutôt de cette femme rieuse, si pleine de vie et d'espoir, qui chantait des chansons de Judy Garland en nous préparant le dîner, de l'artiste qui a peint mon portrait, à l'âge de huit ans. Il est accroché au-dessus du bureau de ma femme et semble être un portrait fidèle de la personne que je suis.

En pensant à leur disparition, j'ai appris que nous ne pouvions pas vivre dans l'espérance sans nous confronter à la perte et à l'échec.

L'échec est un grand professeur, tout comme le vieillissement. Par-delà les avantages reçus de mes parents aimants, de ma classe sociale, de mon éducation et de ma citoyenneté, j'avais un « laissez-passer » qui me permettait d'avancer librement dans la vie. Puis avec le temps qui passe, on se rend compte que ce « laissez-passer » devra être rendu. On comprend alors que l'on est lié à tous les autres par un destin commun. Cette prise de conscience tient au vieillissement et deviendra une sorte de consolation. On ne se sent plus « au-dessus de la mêlée » et ce n'est pas si difficile à accepter. On peut même devenir plus attentif au malheur des autres, plus attentif à la sagesse ancienne qui enseigne de ne pas être vaniteux et stupide.

En écrivant ce livre, j'ai fait le bilan de mes « pertes » en m'appuyant sur des écrivains et sur des artistes célèbres qui ont tenté de trouver un chemin vers l'espoir. Ce qu'ils nous offrent, me semble-t-il, réside dans leur exemple, dans leur courage et dans leur lucidité, dans leur détermination de laisser derrière eux quelque chose qui puisse nous consoler. Grâce à leur exemple, à leur singularité, à leur courage et à leur constance, j'ai appris que nous n'étions jamais seuls face à la douleur et à la perte.

Dans ces dernières lignes, je veux évoquer une personne lumineuse, le poète polonais Czesław Miłosz. Ma femme

Zsuzsanna et moi l'avions rencontré chez lui à Berkeley, en Californie, par une belle journée de janvier 1998. J'ai récité son poème « After Paradise » à Zsuszanna lors de notre mariage en 1999, dont le dernier vers, « que ton amour a soudainement transformé », exprimait parfaitement ce qu'elle représentait pour moi.

Miłosz avait quatre-vingt-sept ans, un petit homme agile aux yeux bleus inoubliables, enfoncés dans des sourcils broussailleux, et dont le charme irrésistible démentait l'âge. Professeur à Berkeley, il vivait seul dans sa maison du boulevard Grizzly Peak, avec une vue sur la baie de San Francisco. Il avait appris l'anglais et enseignait la littérature slave et la poésie polonaise depuis les années 1960, désespérant de revenir un jour dans une Pologne libre. Or, il allait bientôt retourner à Cracovie dans sa Pologne natale. Alors qu'il était assis dans un grand salon dépouillé, Zsuzsanna lui a demandé s'il voulait bien nous faire la lecture. D'une voix basse, rauque, précise, il prenait un plaisir évident à lire ses propres textes. Dans ses poèmes « Campo dei Fiori » et « Un pauvre chrétien regarde le ghetto », il avait trouvé les mots pour décrire le massacre des Juifs polonais à Varsovie en 1943. Il avait choisi l'exil, d'abord en France, puis en Amérique, refusant la Pologne communiste des années 1950. Son livre *The Captive Mind* fut une des premières analyses des abjections spirituelles du système communiste.

Ce mari qui avait soigné sa femme invalide pour assister, impuissant, à son dépérissement et à sa mort ; ce père qui avait subi les menaces de son fils psychotique ; cet artiste qui avait reçu le prix Nobel en 1980 et qui avoua à un ami qu'il l'aurait volontiers échangé contre une femme et un fils en bonne santé ; cet homme qui avait retrouvé l'amour à l'âge de quatre-vingts ans et qui gardait toujours un lien inébranlable avec la source de sa langue maternelle rentrait enfin chez lui. Il nous a lu un poème, composé dans sa maison de Berkeley en 1970, que Zsuzsanna et moi connaissions par cœur. Ce poème, intitulé « Don », montre à quel point la consolation reste l'œuvre d'une vie, sans cesse recommencée. La consolation est un cadeau. Une forme de grâce que nous ne méritons pas toujours, mais qui, lorsque nous la recevons, même pour un instant fugace, rend notre vie digne d'être vécue :

> Jour si heureux.
> Le brouillard était tombé tôt, je travaillais au jardin.
> Des colibris s'arrêtaient au-dessus de la fleur du chèvrefeuille.
> Il n'y avait rien sur Terre que j'aurais voulu posséder.
> Je ne connaissais personne qui aurait valu d'être envié.
> Le mal qui était advenu, je l'oubliais.
> Je n'avais pas honte d'être celui que je suis.
> Je ne sentais dans mon corps nulle douleur.
> En me redressant, j'ai vu la mer bleue et les voiles.

Table

Chez le même éditeur

Les Crimes de Monsieur Kissinger
– Christopher HITCHENS (2001).
La Vie rêvée des maths – David BERLINSKI (2001).
Ces comédiens qui nous gouvernent – Arthur MILLER (2002).
Lettres à un jeune rebelle – Christopher HITCHENS (2002).
Le Djihad américain – Lewis LAPHAM (2002).
Lettres de France, après le 11 septembre – Jean DANIEL (2002).
Dans l'œil du compas – Leonard MLODINOW (2002).
Le Vrai Saddam Hussein – Saïd K. ABURISH (2003).
Notre route commence à Bagdad, par les faucons de la Maison-Blanche
– Lawrence F. KAPLAN et William KRISTOL (2003).
Les Anglais, portrait d'un peuple – Jeremy PAXMAN (2003).
Yasser Arafat – Saïd K. ABURISH (2003).
Jean Daniel, observateur du siècle – collectif (2003).
30 jours au cœur du système Blair, Downing Street en guerre
– Peter STOTHARD (2003).
L'Europe en otage? Histoire secrète de la Convention – Alain DAUVERGNE (2004).
Que sont les grands hommes devenus? – Jacques JULLIARD (2004).
L'Amérique bâillonnée – Lewis LAPHAM (2004).
Le Roman noir de la Maison-Blanche.
Les révélations de Paul O'Neill,
ex-secrétaire au Trésor – Ron SUSKIND (2004).
Le Clan Aburish, une saga palestinienne
– Saïd K. ABURISH (2004).
Comment l'Europe va sauver l'Amérique – Charles A. KUPCHAN (2004).
Comment peut-on être américain?
– Henry Louis MENCKEN (2004).
L'Autre Islam. Au cœur de l'univers chiite – Lilli GRUBER (2005).
Le Vice au pouvoir. La biographie de Dick Cheney
– John NICHOLS (2005).
Maudits Français! Trois siècles de relations tumultueuses
entre la France et l'Amérique
– John J. MILLER et Mark MOLESKY (2005).
La Dynamique du Japon. Histoire de la première modernité d'Asie
– collectif dirigé par Jean-François SABOURET (2005).
Ils racontent la mondialisation. De Sénèque à Lévi-Strauss
– anthologie par Laurent FERRI (2005).

Mr China. Comment perdre 450 millions de dollars après avoir fait fortune à Wall Street – Tim Clissold (2006).
Psychanalyse de l'antilibéralisme. Les Français ont-ils raison d'avoir peur? – dirigé par Christian Stoffaës (2006).
À la Maison de verre. L'ONU et ses secrétaires généraux – dirigé par Romuald Sciora, préface de Jacques Chirac (2006).
La Terre est plate. Une brève histoire du XXIe siècle – Thomas L. Friedman (2006).
Le Grand Désastre mondial – George Soros (2006).
Une brève histoire des maths – David Berlinski (2007).
L'Europe tragique et magnifique. Les grands enjeux européens – Jacques Delors et Notre Europe (2007).
Kidnappés par la CIA. Les charters de la torture – Trevor Paglen et A.C. Thompson (2007).
Nous les Allemands. Vous pouvez nous aimer – Matthias Matussek (2007).
La Vie des autres. Le film qu'il faut lire – Florian Henckel von Donnersmarck (2007).
Nous et le reste du monde – Claude Revel (2007).
Poutine – Le Parrain de toutes les Russies – Jean-Michel Carré (2008).
Origines – L'esprit, la vie, la matière – David Berlinski (2008).
France-Europe – Le Bal des hypocrites – Thierry Chopin (2008).
Le Second Rebond de la balle. Transformez vos risques en opportunités – Ronald Cohen (2008).
La Terre à l'envers: trop plate, trop chaude, trop de monde – Thomas L. Friedman (2009).
L'Art d'être infidèle – Paris – New York – Tokyo – Moscou – Pamela Druckerman (2009).
Petits secrets et grandes intrigues. Complots, mensonges et trahisons à la Commission européenne – Derk-Jan Eppink (2009).
Dieu n'est pas mort. La science n'explique pas tout – David Berlinski (2009).
L'Empire américain. L'heure du partage – Fareed Zakaria (2009).
L'Irrésistible Ascension de l'argent. De Babylone à Wall Street – Niall Ferguson (2009).
Les Américains à Paris. Vie et mort sous l'Occupation nazie 1940-1944 – Charles Glass (2010).
La Twittérature. Les chefs-d'œuvre de la littérature revus par la génération Twitter – Emmett Rensin et Alexander Aciman (2010).
Ces hommes qui ont fait l'Amérique – Felix Rohatyn (2010).
2012. La fin du Monde n'aura pas lieu. La prophétie maya réfutée par la science – Alain Cirou (2010).
Éloge de l'optimisme. Quand les enthousiastes font bouger le monde – Philippe Gabilliet (2010).

Les 25 Empires du désert. Une histoire du Proche et Moyen-Orient
– Pierre Mussa (2011).
La Race des purs. Comment les Nord-Coréens se voient – Brian R. Myers (2011).
Mr China. Comment perdre 450 millions de dollars à Pékin après avoir fait fortune à Wall Street – Tim Clissold (nouvelle édition, 2011).
Un banquier dans le siècle. L'homme qui a sauvé New York de la faillite
– Felix Rohatyn (2011).
Peut mieux faire! Pour un renouveau des politiques de l'éducation
– Michel Dollé (2012).
La Mer à l'aube. Les dernières heures de Guy Môquet
– Volker Schloendorff (2012).
10 conseils utiles aux futurs dictateurs. Bien choisir sa femme, ses amis, ses ennemis…
– Bénédicte Lapeyre (2012).
Éloge de la chance, ou l'art de prendre sa vie en main – Philippe Gabilliet (2012).
Obama la vérité. Dans les coulisses de la Maison-Blanche – Ron Suskind (2012).
Le Début de l'histoire – Francis Fukuyama (2012).
Back in the USA. Quand l'Amérique se réinvente
– Thomas L. Friedman et Michael Mandelbaum (2012).
Économie zombie. Pourquoi les mauvaises idées ont la vie dure
– John Quiggin (2013).
Le Grand Roman de notre histoire. 2000 ans de guerres et de passions – José Enrique Ruiz-Domènec (2013).
Le Pouvoir des habitudes. Changer un rien pour tout changer
– Charles Duhigg (2013).
Les Crimes cachés des présidents. Une autre histoire de l'Amérique
– Oliver Stone et Peter Kuznick (2014).
Éloge des esprits libres. De Lao-tseu à Nietzsche – Marc Halévy (2014).
Il n'y a pas que l'euro. Démocratie, travail, égalité – Massimo D'Alema (2014).
Civilisations. L'Occident et le reste du monde – Niall Ferguson (2014).
La Tragédie de l'Union européenne. Désintégration ou renaissance?
– George Soros (2014).
L'Attrape chance. Récit – Dominique Eudes (2014).
Le Paradoxe du poisson rouge. Une voie chinoise pour réussir
– Hesna Cailliau (2015).
50 bonnes raisons de choisir l'optimisme – Thierry Saussez (mars 2015).
Rien n'est vrai, tout est possible. Aventures dans la Russie d'aujourd'hui
– Peter Pomerantsev (2015).
Éloge de l'audace et de la vie romanesque – Philippe Gabilliet (2015).
Main basse sur le Kazakhstan – Marc Ruscart (2016).
Éloge de la métamorphose. En marche pour une nouvelle humanité

– Alain de Vulpian avec Irène Dupoux-Couturier (2016).
Une vie animée. Le destin inouï d'un enfant autiste – Ron Suskind (2017).
Merci d'être en retard. Survivre dans le monde de demain
– Thomas L. Friedman (2017).
L'Homme qui a vendu son nom – Barbary (2017).
À l'ombre de l'épée. Naissance de l'islam et grandeur de l'empire arabe
– Tom Holland (2017).
Les Vertus de l'inégalité – Marc De Vos (2017).
Le Temps des fous. Quand l'Amérique abandonne sa démocratie
– Lewis Lapham (2018).
L'Art de changer de vie en 5 leçons – Philippe Gabilliet (2018).
Éloge des vertus – Jean-Yves Boulic (2018).
Les Grands Entretiens de l'Histoire – Jean-Marc Sylvestre (2018).
J'ai décidé d'être là. Comment être présent à l'ère du digital
– Aurélie Sirdey (2018).
Obama Confidentiel. 10 ans dans l'ombre du Président – Ben Rhodes (2019).
L'Ami indésirable. La fin d'une histoire ? – Georg Blume (2019).
Tyrans. Shakespeare raconte le XXIe siècle – Stephen Greenblatt (2019).
L'Œuvre sans auteur. Le destin tragique d'une famille allemande
– Florian Henckel von Donnersmarck (2019).
Les Bâtisseurs du futur. Le monde que vous attendez est déjà là
– Hesna Cailliau (2019).
Le Pouvoir de l'art – Markus Gabriel (2019).
Dans la tête d'Orwell. La vérité sur l'auteur de 1984
– Christopher Hitchens (2019).
Les Chrétiens. Comment ils ont changé le monde – Tom Holland (2019).
100 ans. Le bonheur d'être centenaire
– Lynda Gratton et Andrew Scott (2020).
Les Robots, les hommes et la paix – Timo Honkela (2020).
Fantaisies quantiques. Dans les coulisses des inventions du XXe siècle
– Catherine d'Oultremont et Marina Solvay (2020).
La Cible – Sandro Gozi (2020).
Opération Condor. Un homme face à la terreur en Amérique latine
– Pablo Daniel Magee (2020).
La Fin des manipulateurs. Comment mettre au pas les géants de la Silicon Valley
– Pierre Pozzi Belforti et Pierre-Henri Thomas (2020).
Retour vers le futur. 10 leçons pour demain – Fareed Zakaria (2021).
Impact. Quand l'argent a du cœur – Ronald Cohen (2021).
Le jour où la Chine va gagner. La fin de la suprématie américaine
– Kishore Mahbubani (mars 2021).
Déjeuner avec les talibans. Révélations d'un diplomate
– Jean-Yves Berthault (2021).

Apocalypses. De l'Antiquité à nos jours – Niall FERGUSON (2021).
Éloge de l'inattendu. L'art de se laisser surprendre – Philippe GABILLIET (2021).
Les Amazones du Mossad. Au cœur des services secrets israéliens
– Michel BAR-ZOHAR et Nissim MISHAL (2022).
Une symphonie fantastique. L'histoire de la musique de l'origine à nos jours
– Michel SPITZER, préface d'Éric-Emmanuel SCHMITT (2022).
Les Criminels de la cryptomonnaie. Traque au cœur du Dark Web
– Andy GREENBERG (2022).
L'invention de la Chine. 5 000 ans d'histoire
– Bill HAYTON (2023).
Libéralisme, vents contraires – Francis FUKUYAMA (2023).
Le Quatrième Homme. Un espion russe à la CIA – Robert BAER (2023).
Quand la Chine vous espionne, Alex Joske (2023).
Salon Kitty. Sexe et espionnage au service du IIIe Reich
– Nigel JONES, Urs BRUNNER et Julia SCHRAMMEL (2023)
Les Crimes de Monsieur Kissinger (réédition)
– Christopher HITCHENS (2023)
Chine : l'empire des illusions – Pierre-Antoine DONNET (2024)
J'avais choisi Pétain – Olivier PATOU (2024)
Les Drôles histoires de l'Histoire
– Tom HOLLAND et Dominic SANDBROOK (2024).
De Beyrouth à Jérusalem – Thomas L. FRIEDMAN (2024).
Le Feu persan. Le premier empire mondial et la conquête de l'Ouest
– Tom HOLLAND (2025).
Kaboul. Partir ou mourir, le destin d'une nation
– François FORESTIER (2025).

Achevé d'imprimer sur les presses
de l'imprimerie CPI Firmin-Didot
à Mesnil sur l'Estrée
pour le compte des
éditions Saint-Simon
en avril 2025

N° d'impression : 184008
Dépôt légal : avril 2025
ISBN : 9782374350684